SALMOS

SALMOS

THOMAS NELSON
BRASIL®

Publisher *Omar de Souza*
Gerente editorial *Samuel Coto*
Editor *André Lodos Tangerino*
Assistente editorial *Marina Castro*
Diagramação *Aldair Dutra de Assis*
Capa *Rafael Brum*

CIP-BRASIL. CATALOGAÇÃO NA PUBLICAÇÃO
SINDICATO NACIONAL DOS EDITORES DE LIVROS, RJ

S168

Salmos. - 1. ed. - Rio de Janeiro: Thomas Nelson Brasil, 2017.
208 p.

ISBN 978-85-7860-411-0 (capa azul petróleo)
ISBN 978-85-7860-414-1 (capa bordô)

1. Bíblia. A. T. Salmos - Meditações. 2. Louvor a Deus - Meditações.

17-39666 CDD: 223.2
CDU: 27-243.63

Thomas Nelson Brasil é uma marca licenciada à Vida Melhor Editora LTDA.
Todos os direitos reservados à Vida Melhor Editora LTDA.
Rua da Quitanda, 86, sala 601A – Centro
Rio de Janeiro, RJ – CEP 20091-005
Tel.: (21) 3175-1030
www.thomasnelson.com.br

Printed in China

PRIMEIRO LIVRO

Salmo 1

1Como é feliz aquele
que não segue o conselho dos ímpios,
não imita a conduta dos pecadores,
nem se assenta na roda dos zombadores!
2Ao contrário, sua satisfação
está na lei do SENHOR,
e nessa lei medita dia e noite.
3É como árvore plantada
à beira de águas correntes:
Dá fruto no tempo certo
e suas folhas não murcham.
Tudo o que ele faz prospera!

4Não é o caso dos ímpios!
São como palha que o vento leva.
5Por isso os ímpios
não resistirão no julgamento,
nem os pecadores na comunidade dos justos.

6Pois o SENHOR aprova o[a] caminho dos justos,
mas o caminho dos ímpios leva à destruição!

Salmo 2

1Por que se amotinam[b] as nações
e os povos tramam em vão?
2Os reis da terra tomam posição
e os governantes conspiram unidos
contra o SENHOR e contra o seu ungido,
e dizem:
3"Façamos em pedaços as suas correntes,
lancemos de nós as suas algemas!"

4Do seu trono nos céus
o Senhor põe-se a rir e caçoa deles.

---

[a] **1:6** Ou *cuida do*; ou ainda *conhece o*
[b] **2:1** A Septuaginta diz *se enfurecem*.

5Em sua ira os repreende
e em seu furor os aterroriza, dizendo:
6"Eu mesmo estabeleci o meu rei
em Sião, no meu santo monte".

7Proclamarei o decreto do SENHOR:
Ele me disse: "Tu és meu filho;
eu hoje te gerei.
8Pede-me, e te darei as nações como herança
e os confins da terra como tua propriedade.
9Tu as quebrarás com vara de ferro[a]
e as despedaçarás como a um vaso de barro".
10Por isso, ó reis, sejam prudentes;
aceitem a advertência, autoridades da terra.
11Adorem o SENHOR com temor;
exultem com tremor.
12Beijem o filho,[b] para que ele não se ire
e vocês não sejam destruídos de repente,
pois num instante acende-se a sua ira.
Como são felizes todos os que nele se refugiam!

Salmo 3

Salmo de Davi, quando fugiu de seu filho Absalão.

1SENHOR, muitos são os meus adversários!
Muitos se rebelam contra mim!
2São muitos os que dizem a meu respeito:
"Deus nunca o salvará!"

Pausa[c]

3Mas tu, SENHOR,
és o escudo que me protege;
és a minha glória
e me fazes andar de cabeça erguida.
4Ao SENHOR clamo em alta voz,
e do seu santo monte ele me responde.

Pausa

[a] **2:9** Ou *as governarás com cetro de ferro*
[b] **2:12** Os versículos 11 e 12 permitem traduções alternativas.
[c] **3:2** Hebraico: *Selá*; também em todo o livro de Salmos.

[5]Eu me deito e durmo, e torno a acordar,
porque é o SENHOR que me sustém.
[6]Não me assustam os milhares que me cercam.

[7]Levanta-te, SENHOR!
Salva-me, Deus meu!
Quebra o queixo de todos os meus inimigos;
arrebenta os dentes dos ímpios.

[8]Do SENHOR vem o livramento.
A tua bênção está sobre o teu povo.

Pausa

Salmo 4

Para o mestre de música. Com instrumentos de cordas.
Salmo davídico.

[1]Responde-me quando clamo,
ó Deus que me fazes justiça!
Dá-me alívio da minha angústia;
tem misericórdia de mim
e ouve a minha oração.

[2]Até quando vocês, ó poderosos[a],
ultrajarão a minha honra?[b]
Até quando estarão amando ilusões
e buscando mentiras[c]?

Pausa

[3]Saibam que o SENHOR escolheu o piedoso;
o SENHOR ouvirá quando eu o invocar.

[4]Quando vocês ficarem irados, não pequem;
ao deitar-se reflitam nisso,
e aquietem-se.

Pausa

[5]Ofereçam sacrifícios como Deus exige
e confiem no SENHOR.

[a] **4:2** Ou *mortais*
[b] **4:2** Ou *desonrarão aquele em quem me glorio?*
[c] **4:2** Ou *deuses falsos?*

[6]Muitos perguntam:
"Quem nos fará desfrutar o bem?"
Faze, ó SENHOR, resplandecer sobre nós
a luz do teu rosto![a]
[7]Encheste o meu coração de alegria,
alegria maior do que a daqueles
que têm fartura de trigo e de vinho.
[8]Em paz me deito e logo adormeço,
pois só tu, SENHOR,
me fazes viver em segurança.

Salmo 5

Para o mestre de música. Para flautas. Salmo davídico.

[1]Escuta, SENHOR, as minhas palavras,
considera o meu gemer.
[2]Atenta para o meu grito de socorro,
meu Rei e meu Deus,
pois é a ti que imploro.
[3]De manhã ouves, SENHOR, o meu clamor;
de manhã te apresento a minha oração[b]
e aguardo com esperança.

[4]Tu não és um Deus
que tenha prazer na injustiça;
contigo o mal não pode habitar.
[5]Os arrogantes não são aceitos
na tua presença;
odeias todos os que praticam o mal.
[6]Destróis os mentirosos;
os assassinos e os traiçoeiros
o SENHOR detesta.

[7]Eu, porém, pelo teu grande amor,
entrarei em tua casa;
com temor me inclinarei
para o teu santo templo.

[a] **4:6** Isto é, mostra-nos, SENHOR, a tua bondade!
[b] **5:3** Ou *o meu sacrifício*

8Conduze-me, SENHOR, na tua justiça,
por causa dos meus inimigos;
aplaina o teu caminho diante de mim.

9Nos lábios deles não há palavra confiável;
suas mentes só tramam destruição.
Suas gargantas são um túmulo aberto;
com suas línguas enganam sutilmente.
10Condena-os, ó Deus!
Caiam eles por suas próprias maquinações.
Expulsa-os por causa dos seus muitos crimes,
pois se rebelaram contra ti.

11Alegrem-se, porém,
todos os que se refugiam em ti;
cantem sempre de alegria!
Estende sobre eles a tua proteção.
Em ti exultem os que amam o teu nome.
12Pois tu, SENHOR, abençoas o justo;
o teu favor o protege como um escudo.

Salmo 6

Para o mestre de música. Com instrumentos de cordas.
Em oitava. Salmo davídico.

1SENHOR, não me castigues na tua ira
nem me disciplines no teu furor.
2Misericórdia, SENHOR, pois vou desfalecendo!
Cura-me, SENHOR, pois os meus ossos tremem:
3todo o meu ser estremece.
Até quando, SENHOR, até quando?

4Volta-te, SENHOR, e livra-me;
salva-me por causa do teu amor leal.
5Quem morreu não se lembra de ti.
Entre os mortos[a], quem te louvará?
6Estou exausto de tanto gemer.

[a] **6:5** Hebraico: *Sheol*. Essa palavra também pode ser traduzida por sepultura, profundezas, pó ou morte.

De tanto chorar inundo de noite
a minha cama;
de lágrimas encharco o meu leito.
7Os meus olhos se consomem de tristeza;
fraquejam por causa de todos
os meus adversários.

8Afastem-se de mim
todos vocês que praticam o mal,
porque o SENHOR ouviu o meu choro.
9O SENHOR ouviu a minha súplica;
o SENHOR aceitou a minha oração.
10Serão humilhados e aterrorizados
todos os meus inimigos;
frustrados, recuarão de repente.

Salmo 7

Confissão de Davi, que ele cantou ao SENHOR acerca de Cuxe, o benjamita.

1SENHOR, meu Deus, em ti me refugio;
salva-me e livra-me de todos
os que me perseguem,
2para que, como leões,
não me dilacerem nem me despedacem,
sem que ninguém me livre.

3SENHOR, meu Deus, se assim procedi,
se nas minhas mãos há injustiça,
4se fiz algum mal a um amigo
ou se poupei[a] sem motivo o meu adversário,
5persiga-me o meu inimigo até me alcançar,
no chão me pisoteie e aniquile a minha vida,
lançando a minha honra no pó.

Pausa

6Levanta-te, SENHOR, na tua ira;
ergue-te contra o furor dos meus adversários.
Desperta-te, meu Deus! Ordena a justiça!

[a] **7:4** Ou *explorei*

[7]Reúnam-se os povos ao teu redor.
Das alturas reina sobre eles.
[8]O SENHOR é quem julga os povos.
Julga-me, SENHOR, conforme a minha justiça,
conforme a minha integridade.
[9]Deus justo,
que sondas as mentes e os corações,
dá fim à maldade dos ímpios
e ao justo dá segurança.

[10]O meu escudo está nas mãos de Deus,
que salva o reto de coração.
[11]Deus é um juiz justo,
um Deus que manifesta cada dia o seu furor.
[12]Se o homem não se arrepende,
Deus afia a sua espada,
arma o seu arco e o aponta,
[13]prepara as suas armas mortais
e faz de suas setas flechas flamejantes.

[14]Quem gera a maldade, concebe sofrimento
e dá à luz a desilusão.
[15]Quem cava um buraco e o aprofunda
cairá nessa armadilha que fez.
[16]Sua maldade se voltará contra ele;
sua violência cairá sobre a sua própria cabeça.

[17]Darei graças ao SENHOR por sua justiça;
ao nome do SENHOR Altíssimo
cantarei louvores.

Salmo 8

Para o mestre de música. De acordo com a melodia Os Lagares*. Salmo davídico.*

[1]SENHOR, Senhor nosso,
como é majestoso o teu nome em toda a terra!
Tu, cuja glória é cantada nos céus.[a]

[a] **8:1** Ou *Puseste a tua glória nos céus*; ou ainda *Eu te cultuarei acima dos céus.*

2Dos lábios das crianças e dos recém-nascidos
firmaste o teu nome como fortaleza[a],
por causa dos teus adversários,
para silenciar o inimigo que busca vingança.

3Quando contemplo os teus céus,
obra dos teus dedos,
a lua e as estrelas que ali firmaste,
4pergunto: Que é o homem,
para que com ele te importes?
E o filho do homem,
para que com ele te preocupes?

5Tu o fizeste um pouco menor
do que os seres celestiais[b]
e o coroaste de glória e de honra.
6Tu o fizeste dominar
sobre as obras das tuas mãos;
sob os seus pés tudo puseste:
7todos os rebanhos e manadas,
e até os animais selvagens,
8as aves do céu, os peixes do mar
e tudo o que percorre as veredas dos mares.

9Senhor, Senhor nosso,
como é majestoso o teu nome em toda a terra!

Salmo 9[c]

Para o mestre de música. De acordo com muth-laben[d].
Salmo davídico.

1Senhor, quero dar-te graças de todo o coração
e falar de todas as tuas maravilhas.
2Em ti quero alegrar-me e exultar,
e cantar louvores ao teu nome, ó Altíssimo.

3Quando os meus inimigos
contigo se defrontam,

[a] **8:2** Ou *suscitaste louvor*
[b] **8:5** Ou *do que Deus*
[c] Os Salmos 9 e 10 talvez tenham sido originalmente um único poema, organizado em ordem alfabética, no hebraico. Na Septuaginta constituem um único salmo.
[d] Expressão de sentido desconhecido. Tradicionalmente: De acordo com a melodia *A Morte para o Filho.*

tropeçam e são destruídos.
4Pois defendeste o meu direito e a minha causa;
em teu trono te assentaste,
julgando com justiça.
5Repreendeste as nações e destruíste os ímpios;
para todo o sempre apagaste o nome deles.
6O inimigo foi totalmente arrasado,
para sempre;
desarraigaste as suas cidades;
já não há quem delas se lembre.

7O SENHOR reina para sempre;
estabeleceu o seu trono para julgar.
8Ele mesmo julga o mundo com justiça;
governa os povos com retidão.
9O SENHOR é refúgio para os oprimidos,
uma torre segura na hora da adversidade.
10Os que conhecem o teu nome confiam em ti,
pois tu, SENHOR, jamais abandonas
os que te buscam.

11Cantem louvores ao SENHOR,
que reina em Sião;
proclamem entre as nações os seus feitos.
12Aquele que pede contas do sangue derramado
não esquece;
ele não ignora o clamor dos oprimidos.

13Misericórdia, SENHOR!
Vê o sofrimento que me causam
os que me odeiam.
Salva-me das portas da morte,
14para que, junto às portas da cidade[a] de Sião,
eu cante louvores a ti
e ali exulte em tua salvação.
15Caíram as nações na cova que abriram;
os seus pés ficaram presos
no laço que esconderam.

[a] **9:14** Hebraico: *filha*.

16O Senhor é conhecido
pela justiça que executa;
os ímpios caem em suas próprias armadilhas.
Interlúdio[a]. *Pausa*

17Voltem os ímpios ao pó[b],
todas as nações que se esquecem de Deus!
18Mas os pobres nunca serão esquecidos,
nem se frustrará a esperança dos necessitados.

19Levanta-te, Senhor!
Não permitas que o mortal triunfe!
Julgadas sejam as nações na tua presença.
20Infunde-lhes terror, Senhor;
saibam as nações
que não passam de seres humanos.
Pausa

Salmo 10

1Senhor, por que estás tão longe?
Por que te escondes em tempos de angústia?

2Em sua arrogância o ímpio persegue o pobre,
que é apanhado em suas tramas.
3Ele se gaba de sua própria cobiça
e, em sua ganância,
amaldiçoa[c] e insulta o Senhor.
4Em sua presunção o ímpio não o busca;
não há lugar para Deus
em nenhum dos seus planos.
5Os seus caminhos prosperam sempre;
tão acima da sua compreensão estão as tuas leis
que ele faz pouco caso
de todos os seus adversários,
6pensando consigo mesmo: "Nada me abalará!
Desgraça alguma me atingirá,
nem a mim nem aos meus descendentes".

---

a **9:16** Hebraico: *Higaion*.
b **9:17** Hebraico: *Sheol*. Essa palavra também pode ser traduzida por sepultura, profundezas ou morte.
c **10:3** Hebraico: *abençoa*. Aqui empregado como eufemismo.

[7]Sua boca está cheia de maldições,
mentiras e ameaças;
violência e maldade estão em sua língua.
[8]Fica à espreita perto dos povoados;
em emboscadas mata os inocentes,
procurando às escondidas as suas vítimas.
[9]Fica à espreita como o leão escondido;
fica à espreita para apanhar o necessitado;
apanha o necessitado e o arrasta para a sua rede.
[0]Agachado, fica de tocaia;
as suas vítimas caem em seu poder.
[11]Pensa consigo mesmo: "Deus se esqueceu;
escondeu o rosto e nunca verá isto".

[12]Levanta-te, SENHOR!
Ergue a tua mão, ó Deus!
Não te esqueças dos necessitados.
[13]Por que o ímpio insulta a Deus,
dizendo no seu íntimo:
"De nada me pedirás contas!"?
[14]Mas tu enxergas o sofrimento e a dor;
observa-os para tomá-los em tuas mãos.
A vítima deles entrega-se a ti;
tu és o protetor do órfão.
[15]Quebra o braço do ímpio e do perverso,
pede contas de sua impiedade
até que dela nada mais se ache[a].

[16]O SENHOR é rei para todo o sempre;
da sua terra desapareceram os outros povos.
[17]Tu, SENHOR, ouves a súplica dos necessitados;
tu os reanimas e atendes ao seu clamor.
[18]Defendes o órfão e o oprimido,
a fim de que o homem, que é pó,
já não cause terror.

[a] **10:15** Ou *do contrário, não será descoberta*

Salmo 11

Para o mestre de música. Davídico.

1No SENHOR me refugio.
Como então vocês podem dizer-me:
"Fuja como um pássaro para os montes"?
2Vejam! Os ímpios preparam os seus arcos;
colocam as flechas contra as cordas
para das sombras as atirarem
nos retos de coração.
3Quando os fundamentos
estão sendo destruídos,
que pode fazer o justo?

4O SENHOR está no seu santo templo;
o SENHOR tem o seu trono nos céus.
Seus olhos observam;
seus olhos examinam os filhos dos homens.
5O SENHOR prova o justo,
mas o ímpio e a quem[a] ama a injustiça,
a sua alma odeia.
6Sobre os ímpios ele fará chover
brasas ardentes e enxofre incandescente;
vento ressecante é o que terão.
7Pois o SENHOR é justo, e ama a justiça;
os retos verão a sua face.

Salmo 12

Para o mestre de música. Em oitava. Salmo davídico.

1Salva-nos, SENHOR!
Já não há quem seja fiel;
já não se confia em ninguém entre os homens.
2Cada um mente ao seu próximo;
seus lábios bajuladores falam
com segundas intenções.

[a] **11:5** Ou *O Senhor examina o justo e o ímpio, mas a quem;* ou ainda *O Senhor, o Justo, examina o ímpio, mas a quem*

[3]Que o SENHOR corte
todos os lábios bajuladores
e a língua arrogante
[4]dos que dizem:
"Venceremos graças à nossa língua;
somos donos dos nossos lábios![a]
Quem é senhor sobre nós?"

[5]"Por causa da opressão do necessitado
e do gemido do pobre, agora me levantarei",
diz o SENHOR.
"Eu lhes darei a segurança que tanto anseiam."[b]
[6]As palavras do SENHOR são puras,
são como prata purificada num forno,
sete vezes refinada.

[7]SENHOR, tu nos guardarás seguros,
e dessa gente nos protegerás para sempre.
[8]Os ímpios andam altivos por toda parte,
quando a corrupção é exaltada entre os homens.

Salmo 13

Para o mestre de música. Salmo davídico.

[1]Até quando, SENHOR?
Para sempre te esquecerás de mim?
Até quando esconderás de mim o teu rosto?
[2]Até quando terei inquietações
e tristeza no coração dia após dia?
Até quando o meu inimigo triunfará sobre mim?
[3]Olha para mim e responde, SENHOR, meu Deus.
Ilumina os meus olhos,
ou do contrário dormirei o sono da morte;
[4]os meus inimigos dirão: "Eu o venci",
e os meus adversários festejarão o meu fracasso.
[5]Eu, porém, confio em teu amor;
o meu coração exulta em tua salvação.

[a] **12:4** Ou *nossos lábios são lâminas cortantes!*
[b] **12:5** Ou *"Eu os protegerei dos que anseiam destruí-los."*

[6]Quero cantar ao SENHOR
pelo bem que me tem feito.

Salmo 14

Para o mestre de música. Davídico.

[1]Diz o tolo em seu coração: "Deus não existe".
Corromperam-se e cometeram atos detestáveis;
não há ninguém que faça o bem.

[2]O SENHOR olha dos céus
para os filhos dos homens,
para ver se há alguém que tenha entendimento,
alguém que busque a Deus.
[3]Todos se desviaram,
igualmente se corromperam;
não há ninguém que faça o bem,
não há nem um sequer.

[4]Será que nenhum dos malfeitores aprende?
Eles devoram o meu povo
como quem come pão,
e não clamam pelo SENHOR!
[5]Olhem! Estão tomados de pavor!
Pois Deus está presente no meio dos justos.
[6]Vocês, malfeitores,
frustram os planos dos pobres,
mas o refúgio deles é o SENHOR.

[7]Ah, se de Sião viesse a salvação para Israel!
Quando o SENHOR restaurar o seu[a] povo,
Jacó exultará! Israel se regozijará!

Salmo 15

Salmo davídico.

[1]SENHOR, quem habitará no teu santuário?
Quem poderá morar no teu santo monte?

---

[a] **14:7** Ou *trouxer de volta os cativos do seu*

2Aquele que é íntegro em sua conduta
e pratica o que é justo,
que de coração fala a verdade
3e não usa a língua para difamar,
que nenhum mal faz ao seu semelhante
e não lança calúnia contra o seu próximo,
4que rejeita quem merece desprezo,
mas honra os que temem o SENHOR,
que mantém a sua palavra,
mesmo quando sai prejudicado,
5que não empresta o seu dinheiro visando a lucro
nem aceita suborno contra o inocente.

Quem assim procede
nunca será abalado!

Salmo 16

Poema epigráfico davídico.

1Protege-me, ó Deus,
pois em ti me refugio.

2Ao SENHOR declaro: "Tu és o meu Senhor;
não tenho bem nenhum além de ti".
3Quanto aos fiéis que há na terra,
eles é que são os notáveis
em quem está todo o meu prazer.
4Grande será o sofrimento
dos que correm atrás de outros deuses.[a]
Não participarei dos seus sacrifícios de sangue,
e os meus lábios nem mencionarão
os seus nomes.

5SENHOR, tu és a minha porção e o meu cálice;
és tu que garantes o meu futuro.
6As divisas caíram para mim
em lugares agradáveis:
Tenho uma bela herança!

---

[a] **16:3-4** Ou *Quanto aos sacerdotes pagãos que estão na terra, e aos nobres em quem todos têm prazer, eu disse: Aumentarão suas tristezas, pois correm atrás de outros deuses.*

[7]Bendirei o SENHOR, que me aconselha;
na escura noite o meu coração me ensina!
[8]Sempre tenho o SENHOR diante de mim.
Com ele à minha direita, não serei abalado.
[9]Por isso o meu coração se alegra
e no íntimo exulto;
mesmo o meu corpo repousará tranquilo,
[10]porque tu não me abandonarás no sepulcro[a],
nem permitirás que o teu santo
sofra decomposição.
[11]Tu me farás[b] conhecer a vereda da vida,
a alegria plena da tua presença,
eterno prazer à tua direita.

Salmo 17

Oração davídica.

[1]Ouve, SENHOR, a minha justa queixa;
atenta para o meu clamor.
Dá ouvidos à minha oração,
que não vem de lábios falsos.
[2]Venha de ti a sentença em meu favor;
vejam os teus olhos onde está a justiça!

[3]Provas o meu coração e de noite me examinas,
tu me sondas, e nada encontras;
decidi que a minha boca não pecará
[4]como fazem os homens.
Pela palavra dos teus lábios
eu evitei os caminhos do violento.
[5]Meus passos seguem firmes nas tuas veredas;
os meus pés não escorregaram.

[6]Eu clamo a ti, ó Deus, pois tu me respondes;
inclina para mim os teus ouvidos
e ouve a minha oração.

---

[a] **16:10** Hebraico: *Sheol*. Essa palavra também pode ser traduzida por profundezas, pó ou morte.
[b] **16:11** Ou *fizeste*

7Mostra a maravilha do teu amor,
tu, que com a tua mão direita salvas
os que em ti buscam proteção
contra aqueles que os ameaçam.
8Protege-me como à menina dos teus olhos;
esconde-me à sombra das tuas asas,
9dos ímpios que me atacam com violência,
dos inimigos mortais que me cercam.

10Eles fecham o coração insensível,
e com a boca falam com arrogância.
11Eles me seguem os passos, e já me cercam;
seus olhos estão atentos,
prontos para derrubar-me.
12São como um leão ávido pela presa,
como um leão forte agachado na emboscada.
13Levanta-te, SENHOR!
Confronta-os! Derruba-os!
Com a tua espada livra-me dos ímpios.
14Com a tua mão, SENHOR,
livra-me de homens assim,
de homens deste mundo,
cuja recompensa está nesta vida.
Enche-lhes o ventre de tudo
o que lhes reservaste;
sejam os seus filhos saciados,
e o que sobrar fique para os seus pequeninos.[a]

15Quanto a mim, feita a justiça, verei a tua face;
quando despertar, ficarei satisfeito
ao ver a tua semelhança.

---

[a] **17:14** Ou *Tu sacias a fome daqueles a quem queres bem; os seus filhos têm fartura, e armazenam bens para os seus pequeninos.*

Salmo 18

Para o mestre de música. De Davi, servo do Senhor. Ele cantou as palavras deste cântico ao Senhor quando este o livrou das mãos de todos os seus inimigos e das mãos de Saul. Ele disse:

1Eu te amo, ó Senhor, minha força.

2O Senhor é a minha rocha, a minha fortaleza
e o meu libertador;
o meu Deus é o meu rochedo,
em quem me refugio.
Ele é o meu escudo e o poder[a] que me salva,
a minha torre alta.
3Clamo ao Senhor, que é digno de louvor,
e estou salvo dos meus inimigos.
4As cordas da morte me enredaram;
as torrentes da destruição me surpreenderam.
5As cordas do Sheol[b] me envolveram;
os laços da morte me alcançaram.
6Na minha aflição clamei ao Senhor;
gritei por socorro ao meu Deus.
Do seu templo ele ouviu a minha voz;
meu grito chegou à sua presença,
aos seus ouvidos.

7A terra tremeu e agitou-se,
e os fundamentos dos montes se abalaram;
estremeceram porque ele se irou.
8Das suas narinas subiu fumaça;
da sua boca saíram brasas vivas
e fogo consumidor.
9Ele abriu os céus e desceu;
nuvens escuras estavam sob os seus pés.
10Montou um querubim e voou,
deslizando sobre as asas do vento.
11Fez das trevas o seu esconderijo,
das escuras nuvens, cheias de água,
o abrigo que o envolvia.

[a] **18:2** Hebraico: *chifre.*
[b] **18:5** Essa palavra pode ser traduzida por sepultura, profundezas, pó ou morte.

12Com o fulgor da sua presença
as nuvens se desfizeram em granizo e raios,
13quando dos céus trovejou o SENHOR,
e ressoou a voz do Altíssimo.
14Atirou suas flechas e dispersou meus inimigos,
com seus raios os derrotou.
15O fundo do mar apareceu,
e os fundamentos da terra foram expostos
pela tua repreensão, ó SENHOR,
com o forte sopro das tuas narinas.

16Das alturas estendeu a mão e me segurou;
tirou-me das águas profundas.
17Livrou-me do meu inimigo poderoso,
dos meus adversários, fortes demais para mim.
18Eles me atacaram no dia da minha desgraça,
mas o SENHOR foi o meu amparo.
19Ele me deu total libertação;[a]
livrou-me porque me quer bem.

20O SENHOR me tratou
conforme a minha justiça;
conforme a pureza das minhas mãos
recompensou-me.
21Pois segui os caminhos do SENHOR;
não agi como ímpio,
afastando-me do meu Deus.
22Todas as suas ordenanças estão diante de mim;
não me desviei dos seus decretos.
23Tenho sido irrepreensível para com ele
e guardei-me de praticar o mal.
24O SENHOR me recompensou
conforme a minha justiça,
conforme a pureza das minhas mãos
diante dos seus olhos.

25Ao fiel te revelas fiel,
ao irrepreensível te revelas irrepreensível,

[a] **18:19** Hebraico: *Ele me levou para um local espaçoso.*

[26]ao puro te revelas puro,
mas com o perverso reages à altura.
[27]Salvas os que são humildes,
mas humilhas os de olhos altivos.
[28]Tu, SENHOR, manténs acesa a minha lâmpada;
o meu Deus transforma em luz as minhas trevas.
[29]Com o teu auxílio posso atacar uma tropa;
com o meu Deus posso transpor muralhas.

[30]Este é o Deus cujo caminho é perfeito;
a palavra do SENHOR
é comprovadamente genuína.
Ele é um escudo para todos
os que nele se refugiam.
[31]Pois quem é Deus além do SENHOR?
E quem é rocha senão o nosso Deus?
[32]Ele é o Deus que me reveste de força
e torna perfeito o meu caminho.
[33]Torna os meus pés ágeis como os da corça,
sustenta-me firme nas alturas.
[34]Ele treina as minhas mãos para a batalha
e os meus braços
para vergar um arco de bronze.
[35]Tu me dás o teu escudo de vitória;
tua mão direita me sustém;
desces ao meu encontro para exaltar-me.
[36]Deixaste livre o meu caminho,
para que não se torçam os meus tornozelos.

[37]Persegui os meus inimigos e os alcancei;
e não voltei enquanto não foram destruídos.
[38]Massacrei-os, e não puderam levantar-se;
jazem debaixo dos meus pés.
[39]Deste-me força para o combate;
subjugaste os que se rebelaram contra mim.
[40]Puseste os meus inimigos em fuga
e exterminei os que me odiavam.
[41]Gritaram por socorro,
mas não houve quem os salvasse;
clamaram ao SENHOR, mas ele não respondeu.

42Eu os reduzi a pó, pó que o vento leva.
Pisei-os como à lama das ruas.

43Tu me livraste de um povo em revolta;
fizeste-me o cabeça de nações;
um povo que não conheci sujeita-se a mim.
44Assim que me ouvem, me obedecem;
são estrangeiros que se submetem a mim.
45Todos eles perderam a coragem;
tremendo, saem das suas fortalezas.

46O SENHOR vive! Bendita seja a minha Rocha!
Exaltado seja Deus, o meu Salvador!
47Este é o Deus que em meu favor
executa vingança,
que a mim sujeita nações.
48Tu me livraste dos meus inimigos;
sim, fizeste-me triunfar
sobre os meus agressores,
e de homens violentos me libertaste.
49Por isso eu te louvarei entre as nações,
ó SENHOR;
cantarei louvores ao teu nome.
50Ele dá grandes vitórias ao seu rei;
é bondoso com o seu ungido,
com Davi e os seus descendentes para sempre.

Salmo 19

Para o mestre de música. Salmo davídico.

1Os céus declaram a glória de Deus;
o firmamento proclama a obra das suas mãos.
2Um dia fala disso a outro dia;
uma noite o revela a outra noite.
3Sem discurso nem palavras,
não se ouve a sua voz.
4Mas a sua voz[a] ressoa por toda a terra,
e as suas palavras, até os confins do mundo.

[a] **19:4** Conforme a Septuaginta e a Versão Siríaca. O Texto Massorético diz *corda*.

Nos céus ele armou uma tenda para o sol,
5que é como um noivo que sai de seu aposento
e se lança em sua carreira
com a alegria de um herói.
6Sai de uma extremidade dos céus
e faz o seu trajeto até a outra;
nada escapa ao seu calor.

7A lei do SENHOR é perfeita, e revigora a alma.
Os testemunhos do SENHOR
são dignos de confiança,
e tornam sábios os inexperientes.
8Os preceitos do SENHOR são justos,
e dão alegria ao coração.
Os mandamentos do SENHOR são límpidos,
e trazem luz aos olhos.
9O temor do SENHOR é puro,
e dura para sempre.
As ordenanças do SENHOR são verdadeiras,
são todas elas justas.
10São mais desejáveis do que o ouro,
do que muito ouro puro;
são mais doces do que o mel,
do que as gotas do favo.
11Por elas o teu servo é advertido;
há grande recompensa em obedecer-lhes.

12Quem pode discernir os próprios erros?
Absolve-me dos que desconheço!
13Também guarda o teu servo
dos pecados intencionais;
que eles não me dominem!
Então serei íntegro,
inocente de grande transgressão.

14Que as palavras da minha boca
e a meditação do meu coração
sejam agradáveis a ti,
SENHOR, minha Rocha e meu Resgatador!

Salmo 20

Para o mestre de música. Salmo davídico.

1Que o SENHOR te responda
no tempo da angústia;
o nome do Deus de Jacó te proteja!
2Do santuário te envie auxílio
e de Sião te dê apoio.
3Lembre-se de todas as tuas ofertas
e aceite os teus holocaustos[a].

Pausa

4Conceda-te o desejo do teu coração
e leve a efeito todos os teus planos.
5Saudaremos a tua vitória com gritos de alegria
e ergueremos as nossas bandeiras
em nome do nosso Deus.
Que o SENHOR atenda todos os teus pedidos!

6Agora sei que o SENHOR
dará vitória ao seu ungido;
dos seus santos céus lhe responde
com o poder salvador da sua mão direita.
7Alguns confiam em carros e outros em cavalos,
mas nós confiamos
no nome do SENHOR, o nosso Deus.
8Eles vacilam e caem,
mas nós nos erguemos e estamos firmes.

9SENHOR, concede vitória ao rei!
Responde-nos[b] quando clamamos!

Salmo 21

Para o mestre de música. Salmo davídico.

1O rei se alegra na tua força, ó SENHOR!
Como é grande a sua exultação
pelas vitórias que lhe dás!

---

[a] **20:3** Isto é, sacrifícios totalmente queimados.
[b] **20:9** Ou *Vitória! Ó Rei, responde-nos*

2Tu lhe concedeste o desejo do seu coração
e não lhe rejeitaste o pedido
dos seus lábios.

Pausa

3Tu o recebeste dando-lhe ricas bênçãos,
e em sua cabeça
puseste uma coroa de ouro puro.
4Ele te pediu vida, e tu lhe deste!
Vida longa e duradoura.

5Pelas vitórias que lhe deste,
grande é a sua glória;
de esplendor e majestade o cobriste.
6Fizeste dele uma grande bênção para sempre
e lhe deste a alegria da tua presença.
7O rei confia no SENHOR:
por causa da fidelidade do Altíssimo
ele não será abalado.

8Tua mão alcançará todos os teus inimigos;
tua mão direita atingirá todos os que te odeiam.
9No dia em que te manifestares
farás deles uma fornalha ardente.
Na sua ira o SENHOR os devorará,
um fogo os consumirá.
10Acabarás com a geração deles na terra,
com a sua descendência entre os homens.
11Embora tramem o mal contra ti
e façam planos perversos,
nada conseguirão;
12pois tu os porás em fuga
quando apontares para eles o teu arco.

13Sê exaltado, SENHOR, na tua força!
Cantaremos e louvaremos o teu poder.

Salmo 22

Para o mestre de música. De acordo com a melodia A Corça da Manhã. *Salmo davídico.*

1Meu Deus! Meu Deus!
Por que me abandonaste?

Por que estás tão longe de salvar-me,
tão longe dos meus gritos de angústia?
2Meu Deus!
Eu clamo de dia, mas não respondes;
de noite, e não recebo alívio!
3Tu, porém, és o Santo,
és rei, és o louvor de Israel.
4Em ti os nossos antepassados
   puseram a sua confiança;
confiaram, e os livraste.
5Clamaram a ti, e foram libertos;
em ti confiaram, e não se decepcionaram.

6Mas eu sou verme, e não homem,
motivo de zombaria
   e objeto de desprezo do povo.
7Caçoam de mim todos os que me veem;
balançando a cabeça,
   lançam insultos contra mim, dizendo:
8"Recorra ao SENHOR!
   Que o SENHOR o liberte!
   Que ele o livre, já que lhe quer bem!"

9Contudo, tu mesmo me tiraste do ventre;
deste-me segurança
   junto ao seio de minha mãe.
10Desde que nasci fui entregue a ti;
desde o ventre materno és o meu Deus.

11Não fiques distante de mim,
pois a angústia está perto
   e não há ninguém que me socorra.
12Muitos touros me cercam,
sim, rodeiam-me os poderosos de Basã.
13Como leão voraz rugindo,
   escancaram a boca contra mim.
14Como água me derramei,
e todos os meus ossos estão desconjuntados.
Meu coração se tornou como cera;
derreteu-se no meu íntimo.

[15]Meu vigor secou-se como um caco de barro,
e a minha língua gruda no céu da boca;
deixaste-me no pó, à beira da morte.
[16]Cães me rodearam!
Um bando de homens maus me cercou!
Perfuraram minhas mãos e meus pés.
[17]Posso contar todos os meus ossos,
mas eles me encaram com desprezo.
[18]Dividiram as minhas roupas entre si,
e lançaram sortes pelas minhas vestes.

[19]Tu, porém, SENHOR, não fiques distante!
Ó minha força, vem logo em meu socorro!
[20]Livra-me da espada,
livra a minha vida do ataque dos cães.
[21]Salva-me da boca dos leões,
e dos chifres dos bois selvagens.
E tu me respondeste.

[22]Proclamarei o teu nome a meus irmãos;
na assembleia te louvarei.
[23]Louvem-no, vocês que temem o SENHOR!
Glorifiquem-no, todos vocês,
descendentes de Jacó!
Tremam diante dele, todos vocês,
descendentes de Israel!
[24]Pois não menosprezou
nem repudiou o sofrimento do aflito;
não escondeu dele o rosto,
mas ouviu o seu grito de socorro.

[25]De ti vem o tema do meu louvor
na grande assembleia;
na presença dos que te[a] temem
cumprirei os meus votos.
[26]Os pobres comerão até ficarem satisfeitos;
aqueles que buscam o SENHOR o louvarão!
Que vocês tenham vida longa!
[27]Todos os confins da terra
se lembrarão e se voltarão para o SENHOR,

[a] **22:25** Hebraico: *o*.

e todas as famílias das nações
se prostrarão diante dele,
28pois do SENHOR é o reino;
ele governa as nações.

29Todos os ricos da terra
se banquetearão e o adorarão;
haverão de ajoelhar-se diante dele
todos os que descem ao pó,
cuja vida se esvai.
30A posteridade o servirá;
gerações futuras ouvirão falar do Senhor,
31e a um povo que ainda não nasceu
proclamarão seus feitos de justiça,
pois ele agiu poderosamente.

Salmo 23

Salmo davídico.

1O SENHOR é o meu pastor; de nada terei falta.
2Em verdes pastagens me faz repousar
e me conduz a águas tranquilas;
3restaura-me o vigor.
Guia-me nas veredas da justiça
por amor do seu nome.

4Mesmo quando eu andar
por um vale de trevas e morte,
não temerei perigo algum, pois tu estás comigo;
a tua vara e o teu cajado me protegem.

5Preparas um banquete para mim
à vista dos meus inimigos.
Tu me honras,
ungindo a minha cabeça com óleo
e fazendo transbordar o meu cálice.
6Sei que a bondade e a fidelidade
me acompanharão todos os dias da minha vida,
e voltarei à[a] casa do SENHOR enquanto eu viver.

[a] **23:6** A Septuaginta e outras versões antigas dizem *habitarei na*.

Salmo 24

Salmo davídico.

1Do Senhor é a terra e tudo o que nela existe,
o mundo e os que nele vivem;
2pois foi ele quem fundou-a sobre os mares
e firmou-a sobre as águas.

3Quem poderá subir o monte do Senhor?
Quem poderá entrar no seu Santo Lugar?
4Aquele que tem as mãos limpas
e o coração puro,
que não recorre aos ídolos
nem jura por deuses falsos[a].
5Ele receberá bênçãos do Senhor,
e Deus, o seu Salvador lhe fará justiça.
6São assim aqueles que o buscam,
que buscam a tua face, ó Deus de Jacó[b].

Pausa

7Abram-se, ó portais;
abram-se,[c] ó portas antigas,
para que o Rei da glória entre.
8Quem é o Rei da glória?
O Senhor forte e valente,
o Senhor valente nas guerras.
9Abram-se, ó portais;
abram-se, ó portas antigas,
para que o Rei da glória entre.
10Quem é esse Rei da glória?
O Senhor dos Exércitos;
ele é o Rei da glória!

Pausa

---

[a] **24:4** Ou *não se volta para a mentira nem jura falsamente*
[b] **24:6** Conforme dois manuscritos do Texto Massorético, a Versão Siríaca e a Septuaginta. A maioria dos manuscritos do Texto Massorético diz *a tua face, Jacó.*
[c] **24:7** Hebraico: *Levantem a cabeça, ó portais; estejam erguidas*; também no versículo 9.

Salmo 25[a]

Davídico.

1A ti, SENHOR, elevo a minha alma.
2Em ti confio, ó meu Deus.
Não deixes que eu seja humilhado,
nem que os meus inimigos triunfem sobre mim!
3Nenhum dos que esperam em ti
ficará decepcionado;
decepcionados ficarão
aqueles que, sem motivo, agem traiçoeiramente.

4Mostra-me, SENHOR, os teus caminhos,
ensina-me as tuas veredas;
5guia-me com a tua verdade e ensina-me,
pois tu és Deus, meu Salvador,
e a minha esperança está em ti o tempo todo.
6Lembra-te, SENHOR,
da tua compaixão e da tua misericórdia,
que tens mostrado desde a antiguidade.
7Não te lembres dos pecados e transgressões
da minha juventude;
conforme a tua misericórdia, lembra-te de mim,
pois tu, SENHOR, és bom.

8Bom e justo é o SENHOR;
por isso mostra o caminho aos pecadores.
9Conduz os humildes na justiça
e lhes ensina o seu caminho.
10Todos os caminhos do SENHOR
são amor e fidelidade
para com os que cumprem
os preceitos da sua aliança.
11Por amor do teu nome, SENHOR,
perdoa o meu pecado, que é tão grande!
12Quem é o homem que teme o SENHOR?
Ele o instruirá no caminho que deve seguir.
13Viverá em prosperidade,
e os seus descendentes herdarão a terra.

[a] O salmo 25 é um poema organizado em ordem alfabética, no hebraico.

14O Senhor confia os seus segredos
aos que o temem,
e os leva a conhecer a sua aliança.
15Os meus olhos estão sempre voltados
para o Senhor,
pois só ele tira os meus pés da armadilha.

16Volta-te para mim e tem misericórdia de mim,
pois estou só e aflito.
17As angústias do meu coração se multiplicaram;
liberta-me da minha aflição.
18Olha para a minha tribulação
e o meu sofrimento,
e perdoa todos os meus pecados.
19Vê como aumentaram os meus inimigos
e com que fúria me odeiam!
20Guarda a minha vida e livra-me!
Não me deixes decepcionado,
pois eu me refugio em ti.
21Que a integridade e a retidão me protejam,
porque a minha esperança está em ti.

22Ó Deus, liberta Israel de todas as suas aflições!

Salmo 26

Davídico.

1Faze-me justiça, Senhor,
pois tenho vivido com integridade.
Tenho confiado no Senhor, sem vacilar.
2Sonda-me, Senhor, e prova-me,
examina o meu coração e a minha mente;
3pois o teu amor está sempre diante de mim,
e continuamente sigo a tua verdade.
4Não me associo com homens falsos,
nem ando com hipócritas;
5detesto o ajuntamento dos malfeitores,
e não me assento com os ímpios.
6Lavo as mãos na inocência,
e do teu altar, Senhor, me aproximo

[7]cantando hinos de gratidão
e falando de todas as tuas maravilhas.
[8]Eu amo, SENHOR, o lugar da tua habitação,
onde a tua glória habita.

[9]Não me dês o destino dos pecadores,
nem o fim dos assassinos;
[10]suas mãos executam planos perversos,
praticam suborno abertamente.

[11]Mas eu vivo com integridade;
livra-me e tem misericórdia de mim.
[12]Os meus pés estão firmes na retidão;
na grande assembleia bendirei o SENHOR.

Salmo 27

Davídico.

[1]O SENHOR é a minha luz e a minha salvação;
de quem terei temor?
O SENHOR é o meu forte refúgio;
de quem terei medo?
[2]Quando homens maus avançarem contra mim
para destruir-me[a],
eles, meus inimigos e meus adversários,
é que tropeçarão e cairão.
[3]Ainda que um exército se acampe contra mim,
meu coração não temerá;
ainda que se declare guerra contra mim,
mesmo assim estarei confiante.

[4]Uma coisa pedi ao SENHOR;
é o que procuro:
que eu possa viver na casa do SENHOR
todos os dias da minha vida,
para contemplar a bondade do SENHOR
e buscar sua orientação no seu templo.
[5]Pois no dia da adversidade
ele me guardará protegido em sua habitação;

[a] **27:2** Hebraico: *devorar a minha carne.*

no seu tabernáculo me esconderá
e me porá em segurança sobre um rochedo.
6Então triunfarei sobre os inimigos
que me cercam.
Em seu tabernáculo oferecerei sacrifícios
com aclamações;
cantarei e louvarei ao SENHOR.

7Ouve a minha voz quando clamo, ó SENHOR;
tem misericórdia de mim e responde-me.
8A teu respeito diz o meu coração:
Busque a minha face![a]
A tua face, SENHOR, buscarei.
9Não escondas de mim a tua face,
não rejeites com ira o teu servo;
tu tens sido o meu ajudador.
Não me desampares nem me abandones,
ó Deus, meu salvador!
10Ainda que me abandonem pai e mãe,
o SENHOR me acolherá.
11Ensina-me o teu caminho, SENHOR;
conduze-me por uma vereda segura
por causa dos meus inimigos.
12Não me entregues
ao capricho dos meus adversários,
pois testemunhas falsas se levantam contra mim,
respirando violência.

13Apesar disso, esta certeza eu tenho:
viverei até ver a bondade do SENHOR na terra.
14Espere no SENHOR.
Seja forte! Coragem!
Espere no SENHOR.

Salmo 28

Davídico.

1A ti eu clamo, SENHOR, minha Rocha;
não fiques indiferente para comigo.

[a] **27:8** Ou *A você, ó meu coração, ele diz: "Busque a minha face!"*

Se permaneceres calado,
  serei como os que descem à cova.
[2]Ouve as minhas súplicas
  quando clamo a ti por socorro,
quando ergo as mãos
  para o teu Lugar Santíssimo.

[3]Não me dês o castigo reservado para os ímpios
  e para os malfeitores,
que falam como amigos com o próximo,
  mas abrigam maldade no coração.
[4]Retribui-lhes conforme os seus atos,
  conforme as suas más obras;
retribui-lhes o que as suas mãos têm feito
  e dá-lhes o que merecem.
[5]Visto que não consideram os feitos do SENHOR,
  nem as obras de suas mãos,
ele os arrasará e jamais os deixará reerguer-se.

[6]Bendito seja o SENHOR,
  pois ouviu as minhas súplicas.
[7]O SENHOR é a minha força e o meu escudo;
  nele o meu coração confia, e dele recebo ajuda.
Meu coração exulta de alegria,
  e com o meu cântico lhe darei graças.
[8]O SENHOR é a força do seu povo,
  a fortaleza que salva o seu ungido.

[9]Salva o teu povo e abençoa a tua herança!
Cuida deles como o seu pastor
  e conduze-os para sempre.

Salmo 29

Salmo davídico.

[1]Atribuam ao SENHOR, ó seres celestiais[a],
  atribuam ao SENHOR glória e força.
[2]Atribuam ao SENHOR
  a glória que o seu nome merece;

[a] **29:1** Ou *filhos de Deus*; ou ainda *poderosos*

adorem o SENHOR
no esplendor do seu santuário[a].

3A voz do SENHOR ressoa sobre as águas;
o Deus da glória troveja,
o SENHOR troveja sobre as muitas águas.
4A voz do SENHOR é poderosa;
a voz do SENHOR é majestosa.
5A voz do SENHOR quebra os cedros;
o SENHOR despedaça os cedros do Líbano.
6Ele faz o Líbano saltar como bezerro,
o Siriom[b] como novilho selvagem.
7A voz do SENHOR corta os céus
com raios flamejantes.
8A voz do SENHOR faz tremer o deserto;
o SENHOR faz tremer o deserto de Cades.
9A voz do SENHOR retorce os carvalhos[c]
e despe as florestas.
E no seu templo todos clamam: "Glória!"

10O SENHOR assentou-se soberano
sobre o Dilúvio;
o SENHOR reina soberano para sempre.
11O SENHOR dá força ao seu povo;
o SENHOR dá a seu povo a bênção da paz.

Salmo 30

Salmo. Cântico para a dedicação do templo[d]. Davídico.

1Eu te exaltarei, SENHOR,
pois tu me reergueste
e não deixaste que os meus inimigos
se divertissem à minha custa.
2SENHOR meu Deus, a ti clamei por socorro,
e tu me curaste.
3SENHOR, tiraste-me da sepultura[e];
prestes a descer à cova, devolveste-me à vida.

---

[a] **29:2** Ou *da sua santidade*
[b] **29:6** Isto é, o monte Hermom.
[c] **29:9** Ou *faz a corça dar cria*
[d] Título: Ou *do palácio*. Hebraico: *casa*.
[e] **30:3** Hebraico: *Sheol*. Essa palavra também pode ser traduzida por profundezas, pó ou morte.

4Cantem louvores ao SENHOR,
vocês, os seus fiéis;
louvem o seu santo nome.
5Pois a sua ira só dura um instante,
mas o seu favor dura a vida toda;
o choro pode persistir uma noite,
mas de manhã irrompe a alegria.

6Quando me senti seguro, disse:
Jamais serei abalado!
7SENHOR, com o teu favor,
deste-me firmeza e estabilidade;[a]
mas, quando escondeste a tua face,
fiquei aterrorizado.

8A ti, SENHOR, clamei,
ao Senhor pedi misericórdia:
9Se eu morrer[b], se eu descer à cova,
que vantagem haverá?
Acaso o pó te louvará?
Proclamará a tua fidelidade?
10Ouve, SENHOR, e tem misericórdia de mim;
SENHOR, sê tu o meu auxílio.

11Mudaste o meu pranto em dança,
a minha veste de lamento em veste de alegria,
12para que o meu coração
cante louvores a ti e não se cale.
SENHOR, meu Deus,
eu te darei graças para sempre.

Salmo 31

Para o mestre de música. Salmo davídico.

1Em ti, SENHOR, me refugio;
nunca permitas que eu seja humilhado;
livra-me pela tua justiça.
2Inclina os teus ouvidos para mim,
vem livrar-me depressa!

---

[a] **30:7** Hebraico: *firmaste a minha montanha.*
[b] **30:9** Hebraico: *No meu sangue.*

Sê minha rocha de refúgio,
uma fortaleza poderosa para me salvar.
3Sim, tu és a minha rocha e a minha fortaleza;
por amor do teu nome, conduze-me e guia-me.
4Tira-me da armadilha que me prepararam,
pois tu és o meu refúgio.
5Nas tuas mãos entrego o meu espírito;
resgata-me, Senhor, Deus da verdade.

6Odeio aqueles que se apegam a ídolos inúteis;
eu, porém, confio no Senhor.
7Exultarei com grande alegria por teu amor,
pois viste a minha aflição
e conheceste a angústia da minha alma.
8Não me entregaste
nas mãos dos meus inimigos;
deste-me segurança e liberdade.[a]

9Misericórdia, Senhor! Estou em desespero!
A tristeza me consome
a vista, o vigor e o apetite[b].
10Minha vida é consumida pela angústia,
e os meus anos pelo gemido;
minha aflição[c] esgota as minhas forças,
e os meus ossos se enfraquecem.
11Por causa de todos os meus adversários,
sou motivo de ultraje para os meus vizinhos
e de medo para os meus amigos;
os que me veem na rua fogem de mim.
12Sou esquecido por eles
como se estivesse morto;
tornei-me como um pote quebrado.
13Ouço muitos cochicharem a meu respeito;
o pavor me domina,
pois conspiram contra mim,
tramando tirar-me a vida.
14Mas eu confio em ti, Senhor,
e digo: Tu és o meu Deus.

---

[a] **31:8** Hebraico: *puseste os meus pés num lugar espaçoso.*
[b] **31:9** Ou *os olhos, a garganta e o ventre*
[c] **31:10** Ou *culpa*

15O meu futuro está nas tuas mãos;
livra-me dos meus inimigos
e daqueles que me perseguem.
16Faze o teu rosto resplandecer
sobre[a] o teu servo;
salva-me por teu amor leal.
17Não permitas que eu seja humilhado, SENHOR,
pois tenho clamado a ti;
mas que os ímpios sejam humilhados,
e calados fiquem no Sheol[b].
18Sejam emudecidos os seus lábios mentirosos,
pois com arrogância e desprezo
humilham os justos.

19Como é grande a tua bondade,
que reservaste para aqueles que te temem,
e que, à vista dos homens,
concedes àqueles que se refugiam em ti!
20No abrigo da tua presença os escondes
das intrigas dos homens;
na tua habitação os proteges
das línguas acusadoras.

21Bendito seja o SENHOR,
pois mostrou o seu maravilhoso amor
para comigo
quando eu estava numa cidade cercada.
22Alarmado, eu disse:
Fui excluído da tua presença!
Contudo, ouviste as minhas súplicas
quando clamei a ti por socorro.

23Amem o SENHOR, todos vocês, os seus santos!
O SENHOR preserva os fiéis,
mas aos arrogantes dá o que merecem.
24Sejam fortes e corajosos,
todos vocês que esperam no SENHOR!

---

[a] **31:16** Isto é, mostra a tua bondade para com.
[b] **31:17** Essa palavra pode ser traduzida por sepultura, profundezas, pó ou morte.

Salmo 32

Davídico. Poema.

1Como é feliz aquele
que tem suas transgressões perdoadas
e seus pecados apagados!
2Como é feliz aquele
a quem o SENHOR não atribui culpa
e em quem não há hipocrisia!

3Enquanto eu mantinha escondidos os meus pecados,
o meu corpo definhava de tanto gemer.
4Pois dia e noite
a tua mão pesava sobre mim;
minhas forças foram-se esgotando
como em tempo de seca.

Pausa

5Então reconheci diante de ti o meu pecado
e não encobri as minhas culpas.
Eu disse: Confessarei as minhas transgressões ao SENHOR,
e tu perdoaste a culpa do meu pecado.

Pausa

6Portanto, que todos os que são fiéis orem a ti
enquanto podes ser encontrado;
quando as muitas águas se levantarem,
elas não os atingirão.
7Tu és o meu abrigo;
tu me preservarás das angústias
e me cercarás de canções de livramento.

Pausa

8Eu o instruirei e o ensinarei
no caminho que você deve seguir;
eu o aconselharei e cuidarei de você.

9Não sejam como o cavalo ou o burro,
que não têm entendimento
mas precisam ser controlados
com freios e rédeas,
caso contrário não obedecem.

10Muitas são as dores dos ímpios,
mas a bondade do SENHOR
protege quem nele confia.
11Alegrem-se no SENHOR e exultem,
vocês que são justos!
Cantem de alegria,
todos vocês que são retos de coração!

Salmo 33

1Cantem de alegria ao SENHOR,
vocês que são justos;
aos que são retos fica bem louvá-lo.
2Louvem o SENHOR com harpa;
ofereçam-lhe música com lira de dez cordas.
3Cantem-lhe uma nova canção;
toquem com habilidade ao aclamá-lo.

4Pois a palavra do SENHOR é verdadeira;
ele é fiel em tudo o que faz.
5Ele ama a justiça e a retidão;
a terra está cheia da bondade do SENHOR.

6Mediante a palavra do SENHOR
foram feitos os céus,
e os corpos celestes, pelo sopro de sua boca.
7Ele ajunta as águas do mar num só lugar;
das profundezas faz reservatórios.
8Toda a terra tema o SENHOR;
tremam diante dele
todos os habitantes do mundo.
9Pois ele falou, e tudo se fez;
ele ordenou, e tudo surgiu.
10O SENHOR desfaz os planos das nações
e frustra os propósitos dos povos.
11Mas os planos do SENHOR
permanecem para sempre,
os propósitos do seu coração,
por todas as gerações.

12Como é feliz a nação
que tem o Senhor como Deus,
o povo que ele escolheu para lhe pertencer!
13Dos céus olha o Senhor
e vê toda a humanidade;
14do seu trono ele observa
todos os habitantes da terra;
15ele, que forma o coração de todos,
que conhece tudo o que fazem.
16Nenhum rei se salva
pelo tamanho do seu exército;
nenhum guerreiro escapa por sua grande força.
17O cavalo é vã esperança de vitória;
apesar da sua grande força, é incapaz de salvar.
18Mas o Senhor protege aqueles que o temem,
aqueles que firmam a esperança no seu amor,
19para livrá-los da morte e garantir-lhes vida,
mesmo em tempos de fome.

20Nossa esperança está no Senhor;
ele é o nosso auxílio e a nossa proteção.
21Nele se alegra o nosso coração,
pois confiamos no seu santo nome.
22Esteja sobre nós o teu amor, Senhor,
como está em ti a nossa esperança.

Salmo 34[a]

De Davi, quando ele se fingiu de louco diante de Abimeleque, que o expulsou, e ele partiu.

1Bendirei o Senhor o tempo todo!
Os meus lábios sempre o louvarão.
2Minha alma se gloriará no Senhor;
ouçam os oprimidos e se alegrem.
3Proclamem a grandeza do Senhor comigo;
juntos exaltemos o seu nome.

4Busquei o Senhor, e ele me respondeu;
livrou-me de todos os meus temores.

[a] O Salmo 34 é um poema organizado em ordem alfabética, no hebraico.

[5]Os que olham para ele
estão radiantes de alegria;
seus rostos jamais mostrarão decepção.
[6]Este pobre homem clamou,
e o SENHOR o ouviu;
e o libertou de todas as suas tribulações.
[7]O anjo do SENHOR é sentinela ao redor
daqueles que o temem,
e os livra.

[8]Provem, e vejam como o SENHOR é bom.
Como é feliz o homem que nele se refugia!
[9]Temam o SENHOR,
vocês que são os seus santos,
pois nada falta aos que o temem.
[10]Os leões[a] podem passar necessidade e fome,
mas os que buscam o SENHOR de nada têm falta.

[11]Venham, meus filhos, ouçam-me;
eu lhes ensinarei o temor do SENHOR.
[12]Quem de vocês quer amar a vida
e deseja ver dias felizes?
[13]Guarde a sua língua do mal
e os seus lábios da falsidade.
[14]Afaste-se do mal e faça o bem;
busque a paz com perseverança.
[15]Os olhos do SENHOR voltam-se para os justos
e os seus ouvidos
estão atentos ao seu grito de socorro;
[16]o rosto do SENHOR
volta-se contra os que praticam o mal,
para apagar da terra a memória deles.

[17]Os justos clamam, o SENHOR os ouve
e os livra de todas as suas tribulações.
[18]O SENHOR está perto
dos que têm o coração quebrantado
e salva os de espírito abatido.

[19]O justo passa por muitas adversidades,
mas o SENHOR o livra de todas;

[a] **34:10** A Septuaginta e a Versão Siríaca dizem *ricos*.

[20]protege todos os seus ossos;
nenhum deles será quebrado.

[21]A desgraça matará os ímpios;[a]
os que odeiam o justo serão condenados.
[22]O SENHOR redime a vida dos seus servos;
ninguém que nele se refugia será condenado.

Salmo 35

Davídico.

[1]Defende-me, SENHOR, dos que me acusam;
luta contra os que lutam comigo.
[2]Toma os escudos, o grande e o pequeno;
levanta-te e vem socorrer-me.
[3]Empunha a lança e o machado de guerra[b]
contra os meus perseguidores.
Dize à minha alma: "Eu sou a sua salvação".

[4]Sejam humilhados e desprezados
os que procuram matar-me;
retrocedam envergonhados
aqueles que tramam a minha ruína.
[5]Que eles sejam como a palha ao vento,
quando o anjo do SENHOR os expulsar;
[6]seja a vereda deles sombria e escorregadia,
quando o anjo do SENHOR os perseguir.
[7]Já que, sem motivo, prepararam contra mim
uma armadilha oculta
e, sem motivo, abriram uma cova para mim,
[8]que a ruína lhes sobrevenha de surpresa:
sejam presos pela armadilha que prepararam,
caiam na cova que abriram,
para a sua própria ruína.
[9]Então a minha alma exultará no SENHOR
e se regozijará na sua salvação.
[10]Todo o meu ser exclamará:
Quem se compara a ti, SENHOR?

---

[a] **34:21** Ou *Os ímpios serão mortos nas suas próprias maldades;*
[b] **35:3** Ou *e bloqueia o caminho*

Tu livras os necessitados daqueles que são mais poderosos
do que eles,
livras os necessitados e os pobres
daqueles que os exploram.

11Testemunhas maldosas enfrentam-me
e questionam-me sobre coisas de que nada sei.
12Elas me retribuem o bem com o mal
e procuram tirar-me a vida[a].
13Contudo, quando estavam doentes,
usei vestes de lamento,
humilhei-me com jejum
e recolhi-me em oração[b].
14Saí vagueando e pranteando,
como por um amigo ou por um irmão.
Eu me prostrei enlutado,
como quem lamenta por sua mãe.
15Mas, quando tropecei,
eles se reuniram alegres;
sem que eu o soubesse,
ajuntaram-se para me atacar.
Eles me agrediram sem cessar.
16Como ímpios caçoando do meu refúgio,
rosnaram contra mim.
17Senhor, até quando ficarás olhando?
Livra-me dos ataques deles,
livra a minha vida preciosa desses leões.
18Eu te darei graças na grande assembleia;
no meio da grande multidão te louvarei.

19Não deixes que os meus inimigos traiçoeiros
se divirtam à minha custa;
não permitas que aqueles
que sem razão me odeiam
troquem olhares de desprezo.
20Não falam pacificamente,
mas planejam acusações falsas
contra os que vivem tranquilamente na terra.

---

[a] **35:12** Ou *e estou abandonado*
[b] **35:13** Ou *orei por eles sem cessar*; ou ainda *Ah! Se eu pudesse cancelar minhas orações*

21 Com a boca escancarada,
riem de mim e me acusam:
"Nós vimos! Sabemos de tudo!"

22 Tu viste isso, Senhor! Não fiques calado.
Não te afastes de mim, Senhor,
23 Acorda! Desperta! Faze-me justiça!
Defende a minha causa, meu Deus e Senhor.
24 Senhor, meu Deus, tu és justo;
faze-me justiça para que eles
não se alegrem à minha custa.
25 Não deixes que pensem:
"Ah! Era isso que queríamos!",
nem que digam: "Acabamos com ele!"

26 Sejam humilhados e frustrados
todos os que se divertem
à custa do meu sofrimento;
cubram-se de vergonha e desonra
todos os que se acham superiores a mim.
27 Cantem de alegria e regozijo
todos os que desejam ver provada
a minha inocência,
e sempre repitam:
"O Senhor seja engrandecido!
Ele tem prazer no bem-estar do seu servo".
28 Minha língua proclamará a tua justiça
e o teu louvor o dia inteiro.

Salmo 36

Para o mestre de música. De Davi, servo do Senhor.

1 Há no meu íntimo um oráculo
a respeito da maldade do ímpio:
Aos seus olhos é inútil temer a Deus.
2 Ele se acha tão importante,
que não percebe nem rejeita o seu pecado.
3 As palavras da sua boca
são maldosas e traiçoeiras;
abandonou o bom senso e não quer fazer o bem.

4Até na sua cama planeja maldade;
nada há de bom no caminho a que se entregou,
e ele nunca rejeita o mal.

5O teu amor, SENHOR, chega até os céus;
a tua fidelidade até as nuvens.
6A tua justiça é firme como as altas montanhas;
as tuas decisões insondáveis como o grande mar.
Tu, SENHOR, preservas
tanto os homens quanto os animais.
7Como é precioso o teu amor, ó Deus!
Os homens encontram
refúgio à sombra das tuas asas.
8Eles se banqueteiam na fartura da tua casa;
tu lhes dás de beber do teu rio de delícias.
9Pois em ti está a fonte da vida;
graças à tua luz, vemos a luz.

10Estende o teu amor aos que te conhecem,
a tua justiça aos que são retos de coração.
11Não permitas que o arrogante me pisoteie,
nem que a mão do ímpio me faça recuar.
12Lá estão os malfeitores caídos,
lançados ao chão, incapazes de levantar-se!

Salmo 37[a]

Davídico.

1Não se aborreça por causa dos homens maus
e não tenha inveja dos perversos;
2pois como o capim logo secarão,
como a relva verde logo murcharão.

3Confie no SENHOR e faça o bem;
assim você habitará na terra
e desfrutará segurança.
4Deleite-se no SENHOR,
e ele atenderá aos desejos do seu coração.

5Entregue o seu caminho ao SENHOR;
confie nele, e ele agirá:

[a] O Salmo 37 é um poema organizado em ordem alfabética, no hebraico.

[6]ele deixará claro como a alvorada
que você é justo,
e como o sol do meio-dia que você é inocente.

[7]Descanse no Senhor
e aguarde por ele com paciência;
não se aborreça com o sucesso dos outros,
nem com aqueles que maquinam o mal.

[8]Evite a ira e rejeite a fúria;
não se irrite: isso só leva ao mal.
[9]Pois os maus serão eliminados,
mas os que esperam no Senhor
receberão a terra por herança.

[10]Um pouco de tempo,
e os ímpios não mais existirão;
por mais que você os procure, não serão encontrados.
[11]Mas os humildes receberão a terra por herança
e desfrutarão pleno bem-estar.

[12]Os ímpios tramam contra os justos
e rosnam contra eles;
[13]o Senhor, porém, ri dos ímpios,
pois sabe que o dia deles está chegando.

[14]Os ímpios desembainham a espada
e preparam o arco
para abaterem o necessitado e o pobre,
para matarem os que andam na retidão.
[15]Mas as suas espadas
irão atravessar-lhes o coração,
e os seus arcos serão quebrados.

[16]Melhor é o pouco do justo
do que a riqueza de muitos ímpios;
[17]pois o braço forte dos ímpios será quebrado,
mas o Senhor sustém os justos.

[18]O Senhor cuida da vida dos íntegros,
e a herança deles permanecerá para sempre.
[19]Em tempos de adversidade
não ficarão decepcionados;
em dias de fome desfrutarão fartura.

20 Mas os ímpios perecerão;
os inimigos do SENHOR
murcharão como a beleza dos campos;
desvanecerão como fumaça.

21 Os ímpios tomam emprestado e não devolvem,
mas os justos dão com generosidade;
22 aqueles que o SENHOR abençoa
receberão a terra por herança,
mas os que ele amaldiçoa serão eliminados.

23 O SENHOR firma os passos de um homem,
quando a conduta deste o agrada;
24 ainda que tropece, não cairá,
pois o SENHOR o toma pela mão.

25 Já fui jovem e agora sou velho,
mas nunca vi o justo desamparado,
nem seus filhos mendigando o pão.
26 Ele é sempre generoso
e empresta com boa vontade;
seus filhos serão abençoados.

27 Desvie-se do mal e faça o bem;
e você terá sempre onde morar.
28 Pois o SENHOR ama quem pratica a justiça,
e não abandonará os seus fiéis.

Para sempre serão protegidos,
mas a descendência dos ímpios será eliminada;
29 os justos herdarão a terra
e nela habitarão para sempre.

30 A boca do justo profere sabedoria,
e a sua língua fala conforme a justiça.
31 Ele traz no coração a lei do seu Deus;
nunca pisará em falso.

32 O ímpio fica à espreita do justo,
querendo matá-lo;
33 mas o SENHOR não o deixará cair
em suas mãos,
nem permitirá que o condenem quando julgado.

[34]Espere no SENHOR
  e siga a sua vontade.
Ele o exaltará, dando-lhe a terra por herança;
quando os ímpios forem eliminados,
  você o verá.

[35]Vi um homem ímpio e cruel
  florescendo como frondosa árvore nativa,
[36]mas logo desapareceu e não mais existia;
embora eu o procurasse,
  não pôde ser encontrado.

[37]Considere o íntegro, observe o justo;
há futuro[a] para o homem de paz.
[38]Mas todos os rebeldes serão destruídos;
futuro para os ímpios nunca haverá.

[39]Do SENHOR vem a salvação dos justos;
ele é a sua fortaleza na hora da adversidade.
[40]O SENHOR os ajuda e os livra;
ele os livra dos ímpios e os salva,
  porque nele se refugiam.

Salmo 38

Salmo davídico. Uma petição.

[1]SENHOR, não me repreendas no teu furor
nem me disciplines na tua ira.
[2]Pois as tuas flechas me atravessaram,
e a tua mão me atingiu.
[3]Por causa de tua ira,
  todo o meu corpo está doente;
não há saúde nos meus ossos
  por causa do meu pecado.
[4]As minhas culpas me afogam;
são como um fardo pesado e insuportável.

[5]Minhas feridas cheiram mal e supuram
  por causa da minha insensatez.

[a] **37:37** Ou *haverá posteridade*; também no versículo 38.

[6]Estou encurvado e muitíssimo abatido;
o dia todo saio vagueando e pranteando.
[7]Estou ardendo em febre;
todo o meu corpo está doente.
[8]Sinto-me muito fraco e totalmente esmagado;
meu coração geme de angústia.

[9]Senhor, diante de ti
estão todos os meus anseios;
o meu suspiro não te é oculto.
[10]Meu coração palpita, as forças me faltam;
até a luz dos meus olhos se foi.
[11]Meus amigos e companheiros me evitam
por causa da doença que me aflige;
ficam longe de mim os meus vizinhos.
[12]Os que desejam matar-me
preparam armadilhas,
os que me querem prejudicar
anunciam a minha ruína;
passam o dia planejando traição.

[13]Como um surdo, não ouço,
como um mudo, não abro a boca.
[14]Fiz-me como quem não ouve,
e em cuja boca não há resposta.
[15]SENHOR, em ti espero;
tu me responderás, ó Senhor meu Deus!
[16]Pois eu disse: Não permitas
que eles se divirtam à minha custa,
nem triunfem sobre mim quando eu tropeçar.

[17]Estou a ponto de cair,
e a minha dor está sempre comigo.
[18]Confesso a minha culpa;
em angústia estou por causa do meu pecado.
[19]Meus inimigos, porém,
são muitos e poderosos;
é grande o número
dos que me odeiam sem motivo.
[20]Os que me retribuem o bem com o mal
caluniam-me porque é o bem que procuro.

21 SENHOR, não me abandones!
Não fiques longe de mim, ó meu Deus!
22 Apressa-te a ajudar-me,
Senhor, meu Salvador!

Salmo 39

Para o mestre de música. Ao estilo de Jedutum. Salmo davídico.

1 Eu disse: Vigiarei a minha conduta
e não pecarei em palavras;
porei mordaça em minha boca
enquanto os ímpios
estiverem na minha presença.
2 Enquanto me calei resignado,
e me contive inutilmente,
minha angústia aumentou.
3 Meu coração ardia-me no peito
e, enquanto eu meditava, o fogo aumentava;
então comecei a dizer:
4 Mostra-me, SENHOR, o fim da minha vida
e o número dos meus dias,
para que eu saiba quão frágil sou.
5 Deste aos meus dias
o comprimento de um palmo;
a duração da minha vida é nada diante de ti.
De fato, o homem não passa de um sopro.

Pausa

6 Sim, cada um vai e volta como a sombra.
Em vão se agita, amontoando riqueza
sem saber quem ficará com ela.

7 Mas agora, Senhor, que hei de esperar?
Minha esperança está em ti.
8 Livra-me de todas as minhas transgressões;
não faças de mim
um objeto de zombaria dos tolos.
9 Estou calado! Não posso abrir a boca,
pois tu mesmo fizeste isso.
10 Afasta de mim o teu açoite;
fui vencido pelo golpe da tua mão.

11Tu repreendes e disciplinas o homem
por causa do seu pecado;
como traça destróis o que ele mais valoriza;
de fato, o homem não passa de um sopro.

Pausa

12Ouve a minha oração, Senhor;
escuta o meu grito de socorro;
não sejas indiferente ao meu lamento.
Pois sou para ti um estrangeiro,
como foram todos os meus antepassados.
13Desvia de mim os teus olhos,
para que eu volte a ter alegria,
antes que eu me vá e deixe de existir.

Salmo 40

Para o mestre de música. Davídico. Um salmo.

1Coloquei toda minha esperança no Senhor;
ele se inclinou para mim
e ouviu o meu grito de socorro.
2Ele me tirou de um poço de destruição,
de um atoleiro de lama;
pôs os meus pés sobre uma rocha
e firmou-me num local seguro.
3Pôs um novo cântico na minha boca,
um hino de louvor ao nosso Deus.
Muitos verão isso e temerão,
e confiarão no Senhor.

4Como é feliz o homem
que põe no Senhor a sua confiança,
e não vai atrás dos orgulhosos[a],
dos que se afastam para seguir deuses falsos[b]!
5Senhor meu Deus!
Quantas maravilhas tens feito!
Não se pode relatar
os planos que preparaste para nós!

---

[a] **40:4** Ou *idólatras*
[b] **40:4** Ou *para a falsidade*

Eu queria proclamá-los e anunciá-los,
mas são por demais numerosos!

6Sacrifício e oferta não pediste,
mas abriste os meus ouvidos[a];
holocaustos[b] e ofertas pelo pecado
não exigiste.
7Então eu disse: Aqui estou!
No livro está escrito a meu respeito.
8Tenho grande alegria em fazer a tua vontade,
ó meu Deus;
a tua lei está no fundo do meu coração.

9Eu proclamo as novas de justiça
na grande assembleia;
como sabes, SENHOR, não fecho os meus lábios.
10Não oculto no coração a tua justiça;
falo da tua fidelidade e da tua salvação.
Não escondo da grande assembleia
a tua fidelidade e a tua verdade.

11Não me negues a tua misericórdia, SENHOR;
que o teu amor e a tua verdade
sempre me protejam.
12Pois incontáveis problemas me cercam,
as minhas culpas me alcançaram
e já não consigo ver.
Mais numerosos são
que os cabelos da minha cabeça,
e o meu coração perdeu o ânimo.

13Agrada-te, SENHOR, em libertar-me;
apressa-te, SENHOR, a ajudar-me.
14Sejam humilhados e frustrados
todos os que procuram tirar-me a vida;
retrocedam desprezados
os que desejam a minha ruína.
15Fiquem chocados com a sua própria desgraça
os que zombam de mim.

---

[a] **40:6** Ou *furaste as minhas orelhas.* A Septuaginta diz *mas tens preparado um corpo para mim.*
[b] **40:6** Isto é, sacrifícios totalmente queimados.

16Mas regozijem-se e alegrem-se em ti
todos os que te buscam;
digam sempre aqueles que amam a tua salvação:
"Grande é o SENHOR!"

17Quanto a mim, sou pobre e necessitado,
mas o Senhor preocupa-se comigo.
Tu és o meu socorro e o meu libertador;
meu Deus, não te demores!

Salmo 41

Para o mestre de música. Salmo davídico.

1Como é feliz aquele
que se interessa pelo pobre!
O SENHOR o livra em tempos de adversidade.
2O SENHOR o protegerá e preservará a sua vida;
ele o fará feliz na terra
e não o entregará ao desejo dos seus inimigos.
3O SENHOR o susterá
em seu leito de enfermidade,
e da doença o restaurará.

4Eu disse: Misericórdia, SENHOR,
cura-me, pois pequei contra ti.
5Os meus inimigos
dizem maldosamente a meu respeito:
"Quando ele vai morrer?
Quando vai desaparecer o seu nome?"
6Sempre que alguém vem visitar-me,
fala com falsidade,
enche o coração de calúnias
e depois as espalha por onde vai.
7Todos os que me odeiam
juntam-se e cochicham contra mim,
imaginando que o pior me acontecerá:
8"Uma praga terrível o derrubou;
está de cama, e jamais se levantará".
9Até o meu melhor amigo,
em quem eu confiava

e que partilhava do meu pão,
voltou-se[a] contra mim.

10Mas, tu, SENHOR, tem misericórdia de mim;
levanta-me, para que eu lhes retribua.
11Sei que me queres bem,
pois o meu inimigo não triunfa sobre mim.
12Por causa da minha integridade me susténs
e me pões na tua presença para sempre.

13Louvado seja o SENHOR, o Deus de Israel,
de eternidade a eternidade!
Amém e amém!

SEGUNDO LIVRO

Salmo 42[b]

Para o mestre de música. Um poema dos coraítas.

1Como a corça anseia por águas correntes,
a minha alma anseia por ti, ó Deus.
2A minha alma tem sede de Deus, do Deus vivo.
Quando poderei entrar
para apresentar-me a Deus?
3Minhas lágrimas têm sido o meu alimento
de dia e de noite,
pois me perguntam o tempo todo:
"Onde está o seu Deus?"
4Quando me lembro destas coisas
choro angustiado.
Pois eu costumava ir com a multidão,
conduzindo a procissão à casa de Deus,
com cantos de alegria e de ação de graças
entre a multidão que festejava.

5Por que você está assim tão triste,
ó minha alma?

---

[a] **41:9** Hebraico: *levantou o calcanhar.*
[b] Os Salmos 42 e 43 constituem um único poema em muitos manuscritos do Texto Massorético.

Por que está assim tão perturbada
 dentro de mim?
Ponha a sua esperança em Deus!
 Pois ainda o louvarei;
ele é o meu Salvador e 6o meu Deus[a].
A minha alma está profundamente triste;
por isso de ti me lembro
 desde a terra do Jordão,
das alturas do Hermom,
 desde o monte Mizar.
7Abismo chama abismo
 ao rugir das tuas cachoeiras;
todas as tuas ondas e vagalhões
 se abateram sobre mim.

8Conceda-me o SENHOR o seu fiel amor de dia;
 de noite esteja comigo a sua canção.
É a minha oração ao Deus que me dá vida.

9Direi a Deus, minha Rocha:
 Por que te esqueceste de mim?
Por que devo sair vagueando e pranteando,
 oprimido pelo inimigo?
10Até os meus ossos sofrem agonia mortal
 quando os meus adversários zombam de mim,
 perguntando-me o tempo todo:
 "Onde está o seu Deus?"

11Por que você está assim tão triste,
 ó minha alma?
Por que está assim tão perturbada
 dentro de mim?
Ponha a sua esperança em Deus!
 Pois ainda o louvarei;
ele é o meu Salvador e o meu Deus.

[a] **42:5-6** Conforme alguns manuscritos do Texto Massorético, a Septuaginta e a Versão Siríaca. A maioria dos manuscritos do Texto Massorético diz *louvarei por teu auxílio salvador.* **6***Ó meu Deus.*

Salmo 43

1Faze-me justiça, ó Deus,
e defende a minha causa contra um povo infiel;
livra-me dos homens traidores e perversos.
2Pois tu, ó Deus, és a minha fortaleza.
Por que me rejeitaste?
Por que devo sair vagueando e pranteando,
oprimido pelo inimigo?
3Envia a tua luz e a tua verdade;
elas me guiarão
e me levarão ao teu santo monte,
ao lugar onde habitas.
4Então irei ao altar de Deus,
a Deus, a fonte da minha plena alegria.
Com a harpa te louvarei,
ó Deus, meu Deus!

5Por que você está assim tão triste,
ó minha alma?
Por que está assim tão perturbada
dentro de mim?
Ponha a sua esperança em Deus!
Pois ainda o louvarei;
ele é o meu Salvador e o meu Deus.

Salmo 44

Para o mestre de música. Dos coraítas. Um poema.

1Com os nossos próprios ouvidos ouvimos,
ó Deus;
os nossos antepassados nos contaram
os feitos que realizaste no tempo deles,
nos dias da antiguidade.
2Com a tua própria mão expulsaste as nações
para estabelecer os nossos antepassados;
arruinaste povos e fizeste prosperar
os nossos antepassados.
3Não foi pela espada que conquistaram a terra,
nem pela força do seu braço
que alcançaram a vitória;

foi pela tua mão direita, pelo teu braço,
  e pela luz do teu rosto[a],
por causa do teu amor para com eles.

4És tu, meu Rei e meu Deus![b]
És tu que decretas vitórias para Jacó!
5Contigo pomos em fuga os nossos adversários;
pelo teu nome pisoteamos os que nos atacam.
6Não confio em meu arco,
minha espada não me concede a vitória;
7mas tu nos concedes a vitória
  sobre os nossos adversários
e humilhas os que nos odeiam.
8Em Deus nos gloriamos o tempo todo,
e louvaremos o teu nome para sempre.

Pausa

9Mas agora nos rejeitaste e nos humilhaste;
já não sais com os nossos exércitos.
10Diante dos nossos adversários
  fizeste-nos bater em retirada,
e os que nos odeiam nos saquearam.
11Tu nos entregaste
  para sermos devorados como ovelhas
e nos dispersaste entre as nações.
12Vendeste o teu povo por uma ninharia,
  nada lucrando com a sua venda.
13Tu nos fizeste
  motivo de vergonha dos nossos vizinhos,
objeto de zombaria e menosprezo dos que nos rodeiam.
14Fizeste de nós um provérbio entre as nações;
os povos meneiam a cabeça quando nos veem.
15Sofro humilhação o tempo todo,
e o meu rosto está coberto de vergonha
16por causa da zombaria
  dos que me censuram e me provocam,
por causa do inimigo, que busca vingança.

---

[a] **44:3** Isto é, pela tua bondade.
[b] **44:4** Conforme a Septuaginta e a Versão Siríaca. O Texto Massorético diz *meu Rei, ó Deus!*

17Tudo isso aconteceu conosco,
sem que nos tivéssemos esquecido de ti,
nem tivéssemos traído a tua aliança.
18Nossos corações não voltaram atrás,
nem os nossos pés se desviaram da tua vereda.
19Todavia, tu nos esmagaste e fizeste de nós
um covil de chacais,
e de densas trevas nos cobriste.

20Se tivéssemos esquecido
o nome do nosso Deus
e tivéssemos estendido as nossas mãos
a um deus estrangeiro,
21Deus não o teria descoberto?
Pois ele conhece os segredos do coração!
22Contudo, por amor de ti
enfrentamos a morte todos os dias;
somos considerados como ovelhas
destinadas ao matadouro.

23Desperta, Senhor! Por que dormes?
Levanta-te! Não nos rejeites para sempre.
24Por que escondes o teu rosto
e esqueces o nosso sofrimento
e a nossa aflição?

25Fomos humilhados até o pó;
nossos corpos se apegam ao chão.
26Levanta-te! Socorre-nos!
Resgata-nos por causa da tua fidelidade.

Salmo 45

Para o mestre de música. De acordo com a melodia Os Lírios.
Dos coraítas. Poema. Cântico de casamento.

1Com o coração vibrando de boas palavras
recito os meus versos em honra ao rei;
seja a minha língua
como a pena de um hábil escritor.

2És dos homens o mais notável;
derramou-se graça em teus lábios,

visto que Deus te abençoou para sempre.
3Prende a espada à cintura, ó poderoso!
Cobre-te de esplendor e majestade.
4Na tua majestade cavalga vitoriosamente
pela verdade, pela misericórdia e pela justiça;
que a tua mão direita realize feitos gloriosos.
5Tuas flechas afiadas atingem
o coração dos inimigos do rei;
debaixo dos teus pés caem nações.
6O teu trono, ó Deus,
subsiste para todo o sempre;
cetro de justiça é o cetro do teu reino.
7Amas a justiça e odeias a iniquidade;
por isso Deus, o teu Deus,
escolheu-te dentre os teus companheiros
ungindo-te com óleo de alegria.
8Todas as tuas vestes exalam
aroma de mirra, aloés e cássia;
nos palácios adornados de marfim ressoam
os instrumentos de corda que te alegram.
9Filhas de reis
estão entre as mulheres da tua corte;
à tua direita está a noiva real
enfeitada de ouro puro de Ofir.

10Ouça, ó filha, considere
e incline os seus ouvidos:
Esqueça o seu povo e a casa paterna.
11O rei foi cativado pela sua beleza;
honre-o, pois ele é o seu senhor.
12A cidade[a] de Tiro trará[b] seus presentes;
seus moradores mais ricos buscarão o seu favor.

13Cheia de esplendor está a princesa
em seus aposentos,
com vestes enfeitadas de ouro.
14Em roupas bordadas é conduzida ao rei,
acompanhada de um cortejo de virgens;

---

[a] **45:12** Hebraico: *filha*.
[b] **45:12** Ou *Um manto feito em Tiro está entre*

são levadas à tua presença.
15 Com alegria e exultação
são conduzidas ao palácio do rei.

16 Os teus filhos ocuparão o trono dos teus pais;
por toda a terra os farás príncipes.
17 Perpetuarei a tua lembrança
por todas as gerações;
por isso as nações te louvarão
para todo o sempre.

Salmo 46

Para o mestre de música. Dos coraítas.
Para vozes agudas. Um cântico.

1 Deus é o nosso refúgio e a nossa fortaleza,
auxílio sempre presente na adversidade.
2 Por isso não temeremos,
ainda que a terra trema
e os montes afundem no coração do mar,
3 ainda que estrondem as suas águas turbulentas
e os montes sejam sacudidos
pela sua fúria.

Pausa

4 Há um rio cujos canais alegram
a cidade de Deus,
o Santo Lugar onde habita o Altíssimo.
5 Deus nela está! Não será abalada!
Deus vem em seu auxílio
desde o romper da manhã.
6 Nações se agitam, reinos se abalam;
ele ergue a voz, e a terra se derrete.

7 O Senhor dos Exércitos está conosco;
o Deus de Jacó é a nossa torre segura.

Pausa

8 Venham! Vejam as obras do Senhor,
seus feitos estarrecedores na terra.
9 Ele dá fim às guerras até os confins da terra;

quebra o arco e despedaça a lança;
destrói os escudos[a] com fogo.
10"Parem de lutar! Saibam que eu sou Deus!
Serei exaltado entre as nações,
serei exaltado na terra."

11O SENHOR dos Exércitos está conosco;
o Deus de Jacó é a nossa torre segura.

Pausa

Salmo 47

Para o mestre de música. Salmo dos coraítas.

1Batam palmas, vocês, todos os povos;
aclamem a Deus com cantos de alegria.
2Pois o SENHOR Altíssimo é temível,
é o grande Rei sobre toda a terra!
3Ele subjugou as nações ao nosso poder,
os povos colocou debaixo de nossos pés,
4e escolheu para nós a nossa herança,
o orgulho de Jacó, a quem amou.

Pausa

5Deus subiu em meio a gritos de alegria;
o SENHOR, em meio ao som de trombetas.
6Ofereçam música a Deus, cantem louvores!
Ofereçam música ao nosso Rei,
cantem louvores!
7Pois Deus é o rei de toda a terra;
cantem louvores com harmonia e arte.

8Deus reina sobre as nações;
Deus está assentado em seu santo trono.
9Os soberanos das nações se juntam
ao povo do Deus de Abraão,
pois os governantes[b] da terra pertencem a Deus;
ele é soberanamente exaltado.

[a] **46:9** Ou *carros*
[b] **47:9** Hebraico: *escudos.*

Salmo 48

Um cântico. Salmo dos coraítas.

1Grande é o Senhor,
e digno de todo louvor
na cidade do nosso Deus.
2Seu santo monte, belo e majestoso,
é a alegria de toda a terra.
Como as alturas do Zafom[a] é o monte Sião,
a cidade do grande Rei.
3Nas suas cidadelas
Deus se revela como sua proteção.

4Vejam! Os reis somaram forças,
e juntos avançaram contra ela.
5Quando a viram, ficaram atônitos,
fugiram aterrorizados.
6Ali mesmo o pavor os dominou;
contorceram-se como a mulher no parto.
7Foste como o vento oriental
quando destruiu os navios de Társis.

8Como já temos ouvido,
agora também temos visto
na cidade do Senhor dos Exércitos,
na cidade de nosso Deus:
Deus a preserva firme para sempre.

Pausa

9No teu templo, ó Deus,
meditamos em teu amor leal.
10Como o teu nome, ó Deus,
o teu louvor alcança os confins da terra;
a tua mão direita está cheia de justiça.
11O monte Sião se alegra,
as cidades[b] de Judá exultam
por causa das tuas decisões justas.

12Percorram Sião, contornando-a,
contem as suas torres,

[a] **48:2** *Zafom* refere-se ou a um monte sagrado ou à direção norte.
[b] **48:11** Hebraico: *filhas*.

[13]observem bem as suas muralhas,
examinem as suas cidadelas,
para que vocês falem à próxima geração
[14]que este Deus é o nosso Deus
para todo o sempre;
ele será o nosso guia até o fim[a].

Salmo 49

Para o mestre de música. Salmo dos coraítas.

[1]Ouçam isto vocês, todos os povos;
escutem, todos os que vivem neste mundo,
[2]gente do povo, homens importantes,
ricos e pobres igualmente:
[3]A minha boca falará com sabedoria;
a meditação do meu coração
trará entendimento.
[4]Inclinarei os meus ouvidos a um provérbio;
com a harpa exporei o meu enigma:

[5]Por que deverei temer,
quando vierem dias maus,
quando inimigos traiçoeiros me cercarem,
[6]aqueles que confiam em seus bens
e se gabam de suas muitas riquezas?
[7]Homem algum pode redimir seu irmão
ou pagar a Deus o preço de sua vida,
[8]pois o resgate de uma vida não tem preço.
Não há pagamento que o livre
[9]para que viva para sempre
e não sofra decomposição.
[10]Pois todos podem ver que os sábios morrem,
como perecem o tolo e o insensato
e para outros deixam os seus bens.
[11]Seus túmulos serão suas moradas
para sempre,[b]

---

[a] **48:14** Ou *até à morte*
[b] **49:11** Conforme a Septuaginta e a Versão Siríaca. O Texto Massorético diz *Em seus pensamentos suas casas serão perpétuas.*

suas habitações de geração em geração,
ainda que tenham[a] dado seus nomes a terras.

12 O homem, mesmo que muito importante,
não vive para sempre[b];
é como os animais, que perecem.

13 Este é o destino
dos que confiam em si mesmos,
e dos seus seguidores,
que aprovam o que eles dizem.

Pausa

14 Como ovelhas,
estão destinados à sepultura[c],
e a morte lhes servirá de pastor.
Pela manhã os justos triunfarão sobre eles!
A aparência deles se desfará na sepultura,
longe das suas gloriosas mansões.
15 Mas Deus redimirá a minha vida da sepultura
e me levará para si.

Pausa

16 Não se aborreça quando alguém se enriquece
e aumenta o luxo de sua casa;
17 pois nada levará consigo quando morrer;
não descerá com ele o seu esplendor.
18 Embora em vida ele se parabenize:
"Todos o elogiam, pois você está prosperando",
19 ele se juntará aos seus antepassados,
que nunca mais verão a luz.

20 O homem, mesmo que muito importante,
não tem entendimento;
é como os animais, que perecem.

---

[a] **49:11** Ou *pois eles têm*
[b] **49:12** Conforme o Texto Massorético. A Septuaginta e a Versão Siríaca dizem *não tem entendimento.* Veja o versículo 20.
[c] **49:14** Hebraico: *Sheol.* Essa palavra também pode ser traduzida por profundezas, pó ou morte; também no final deste versículo e no versículo 15.

Salmo 50

Salmo da família de Asafe.

1Fala o SENHOR, o Deus supremo;
convoca toda a terra, do nascente ao poente.
2Desde Sião, perfeita em beleza,
Deus resplandece.
3Nosso Deus vem!
Certamente não ficará calado!
À sua frente vai um fogo devorador,
e, ao seu redor, uma violenta tempestade.
4Ele convoca os altos céus e a terra,
para o julgamento do seu povo:
5"Ajuntem os que me são fiéis,
que, mediante sacrifício,
fizeram aliança comigo".
6E os céus proclamam a sua justiça,
pois o próprio Deus é o juiz.

Pausa

7"Ouça, meu povo, pois eu falarei;
vou testemunhar contra você, Israel,
eu, que sou Deus, o seu Deus.
8Não o acuso pelos seus sacrifícios,
nem pelos holocaustos[a],
que você sempre me oferece.
9Não tenho necessidade
de nenhum novilho dos seus estábulos,
nem dos bodes dos seus currais,
10pois todos os animais da floresta são meus,
como são as cabeças de gado
aos milhares nas colinas.
11Conheço todas as aves dos montes,
e cuido das criaturas do campo.
12Se eu tivesse fome, precisaria dizer a você?
Pois o mundo é meu, e tudo o que nele existe.
13Acaso como carne de touros
ou bebo sangue de bodes?

---

[a] **50:8** Isto é, sacrifícios totalmente queimados; também em 51:16.

14Ofereça a Deus em sacrifício a sua gratidão,
cumpra os seus votos para com o Altíssimo,
15e clame a mim no dia da angústia;
eu o livrarei, e você me honrará."

16Mas ao ímpio Deus diz:

"Que direito você tem de recitar as minhas leis
ou de ficar repetindo a minha aliança?
17Pois você odeia a minha disciplina
e dá as costas às minhas palavras!
18Você vê um ladrão, e já se torna seu cúmplice,
e com adúlteros se mistura.
19Sua boca está cheia de maldade
e a sua língua formula a fraude.
20Deliberadamente você fala contra o seu irmão
e calunia o filho de sua própria mãe.
21Ficaria eu calado
diante de tudo o que você tem feito?
Você pensa que eu sou como você?
Mas agora eu o acusarei diretamente,
sem omitir coisa alguma.

22"Considerem isto,
vocês que se esquecem de Deus;
caso contrário os despedaçarei,
sem que ninguém os livre.
23Quem me oferece sua gratidão
como sacrifício, honra-me,
e eu mostrarei a salvação de Deus
ao que anda nos meus caminhos".

Salmo 51

Para o mestre de música. Salmo de Davi.
Escrito quando o profeta Natã veio falar com Davi,
depois que este cometeu adultério com Bate-Seba.

1Tem misericórdia de mim, ó Deus,
por teu amor;
por tua grande compaixão
apaga as minhas transgressões.

2Lava-me de toda a minha culpa
e purifica-me do meu pecado.

3Pois eu mesmo
reconheço as minhas transgressões,
e o meu pecado sempre me persegue.
4Contra ti, só contra ti, pequei
e fiz o que tu reprovas,
de modo que justa é a tua sentença
e tens razão em condenar-me.
5Sei que sou pecador desde que nasci,
sim, desde que me concebeu minha mãe.
6Sei que desejas a verdade no íntimo;
e no coração me ensinas a sabedoria.

7Purifica-me com hissopo, e ficarei puro;
lava-me, e mais branco do que a neve serei.
8Faze-me ouvir de novo júbilo e alegria,
e os ossos que esmagaste exultarão.
9Esconde o rosto dos meus pecados
e apaga todas as minhas iniquidades.

10Cria em mim um coração puro, ó Deus,
e renova dentro de mim um espírito estável.
11Não me expulses da tua presença,
nem tires de mim o teu Santo Espírito.
12Devolve-me a alegria da tua salvação
e sustenta-me
com um espírito pronto a obedecer.
13Então ensinarei os teus caminhos
aos transgressores,
para que os pecadores se voltem para ti.

14Livra-me da culpa dos crimes de sangue,
ó Deus, Deus da minha salvação!
E a minha língua aclamará a tua justiça.
15Ó Senhor, dá palavras aos meus lábios,
e a minha boca anunciará o teu louvor.
16Não te deleitas em sacrifícios
nem te agradas em holocaustos,
senão eu os traria.

17 Os sacrifícios que agradam a Deus
são um espírito quebrantado;
um coração quebrantado e contrito,
ó Deus, não desprezarás.

18 Por tua boa vontade faze Sião prosperar;
ergue os muros de Jerusalém.
19 Então te agradarás dos sacrifícios sinceros,
das ofertas queimadas e dos holocaustos;
e novilhos serão oferecidos sobre o teu altar.

Salmo 52

Para o mestre de música. Poema de Davi, quando o edomita Doegue foi a Saul e lhe contou: "Davi foi à casa de Aimeleque".

1 Por que você se vangloria do mal
e de ultrajar a Deus continuamente?[a],
ó homem poderoso!
2 Sua língua trama destruição;
é como navalha afiada, cheia de engano.
3 Você prefere o mal ao bem,
a falsidade, em lugar da verdade.

Pausa

4 Você ama toda palavra maldosa,
ó língua mentirosa!
5 Saiba que Deus o arruinará para sempre:
ele o agarrará e o arrancará da sua tenda;
ele o desarraigará da terra dos vivos.

Pausa

6 Os justos verão isso e temerão;
rirão dele, dizendo:
7 "Veja só o homem
que rejeitou a Deus como refúgio;
confiou em sua grande riqueza
e buscou refúgio em sua maldade!"

8 Mas eu sou como uma oliveira
que floresce na casa de Deus;

---

[a] **52:1** Ou *se a fidelidade de Deus dura para sempre?*

confio no amor de Deus
para todo o sempre.
9Para sempre te louvarei pelo que fizeste;
na presença dos teus fiéis
proclamarei o teu nome,
porque tu és bom.

Salmo 53

Para o mestre de música. De acordo com mahalath[a]. *Poema davídico.*

1Diz o tolo em seu coração:
"Deus não existe!"
Corromperam-se
e cometeram injustiças detestáveis;
não há ninguém que faça o bem.

2Deus olha lá dos céus
para os filhos dos homens,
para ver se há alguém
que tenha entendimento,
alguém que busque a Deus.
3Todos se desviaram,
igualmente se corromperam;
não há ninguém que faça o bem,
não há nem um sequer.

4Será que os malfeitores não aprendem?
Eles devoram o meu povo
como quem come pão,
e não clamam a Deus!
5Olhem! Estão tomados de pavor,
quando não existe motivo algum para temer!
Pois foi Deus quem espalhou os ossos
dos que atacaram você;
você os humilhou porque Deus os rejeitou.

6Ah, se de Sião viesse a salvação para Israel!
Quando Deus restaurar[b] o seu povo,
Jacó exultará! Israel se regozijará!

---

[a] Título: Possivelmente uma melodia solene.
[b] **53:6** Ou *trouxer de volta os cativos do seu*

Salmo 54

Para o mestre de música. Com instrumentos de cordas. Poema de Davi, quando os zifeus foram a Saul e disseram: "Acaso Davi não está se escondendo entre nós?"

1 Salva-me, ó Deus, pelo teu nome;
defende-me pelo teu poder.
2 Ouve a minha oração, ó Deus;
escuta as minhas palavras.
3 Estrangeiros[a] me atacam;
homens cruéis querem matar-me,
homens que não se importam com Deus.
Pausa

4 Certamente Deus é o meu auxílio;
é o Senhor que me sustém.
5 Recaia o mal sobre os meus inimigos!
Extermina-os por tua fidelidade!

6 Eu te oferecerei um sacrifício voluntário;
louvarei o teu nome, ó SENHOR,
porque tu és bom.
7 Pois ele me livrou de todas as minhas angústias,
e os meus olhos contemplaram
a derrota dos meus inimigos.

Salmo 55

*Para o mestre de música. Com instrumentos de cordas.
Poema davídico.*

1 Escuta a minha oração, ó Deus,
não ignores a minha súplica;
2 ouve-me e responde-me!
Os meus pensamentos me perturbam,
e estou atordoado
3 diante do barulho do inimigo,
diante da gritaria[b] dos ímpios;
pois eles aumentam o meu sofrimento
e, irados, mostram seu rancor.

---

[a] **54:3** Alguns manuscritos do Texto Massorético dizem *Arrogantes*.
[b] **55:3** Ou *opressão*

[4]O meu coração está acelerado;
os pavores da morte me assaltam.
[5]Temor e tremor me dominam;
o medo tomou conta de mim.
[6]Então eu disse:
Quem dera eu tivesse asas como a pomba;
voaria até encontrar repouso!
[7]Sim, eu fugiria para bem longe,
e no deserto eu teria o meu abrigo.

Pausa

[8]Eu me apressaria em achar refúgio
longe do vendaval e da tempestade.

[9]Destrói os ímpios, Senhor,
confunde a língua deles,
pois vejo violência e brigas na cidade.
[10]Dia e noite eles rondam por seus muros;
nela permeiam o crime e a maldade.
[11]A destruição impera na cidade;
a opressão e a fraude jamais deixam suas ruas.

[12]Se um inimigo me insultasse,
eu poderia suportar;
se um adversário se levantasse contra mim,
eu poderia defender-me;
[13]mas logo você, meu colega,
meu companheiro, meu amigo chegado,
[14]você, com quem eu partilhava
agradável comunhão
enquanto íamos com a multidão festiva
para a casa de Deus!

[15]Que a morte
apanhe os meus inimigos de surpresa!
Desçam eles vivos para a sepultura[a],
pois entre eles o mal acha guarida.

[16]Eu, porém, clamo a Deus,
e o SENHOR me salvará.

---

[a] **55:15** Hebraico: *Sheol.* Essa palavra também pode ser traduzida por profundezas, pó ou morte.

17 À tarde, pela manhã e ao meio-dia
choro angustiado,
e ele ouve a minha voz.
18 Ele me guarda ileso na batalha,
sendo muitos os que estão contra mim.
19 Deus, que reina desde a eternidade,
me ouvirá e os castigará.

Pausa

Pois jamais mudam sua conduta
e não têm temor de Deus.

20 Aquele homem se voltou
contra os seus aliados,
violando o seu acordo.
21 Macia como manteiga é a sua fala,
mas a guerra está no seu coração;
suas palavras são mais suaves que o óleo,
mas são afiadas como punhais.

22 Entregue suas preocupações ao SENHOR,
e ele o susterá;
jamais permitirá que o justo venha a cair.

23 Mas tu, ó Deus,
farás descer à cova da destruição
aqueles assassinos e traidores,
os quais não viverão a metade dos seus dias.
Quanto a mim, porém, confio em ti.

Salmo 56

Para o mestre de música. De acordo com a melodia Uma Pomba em Carvalhos Distantes. *Poema epigráfico davídico. Quando os filisteus prenderam Davi em Gate.*

1 Tem misericórdia de mim, ó Deus,
pois os homens me pressionam;
o tempo todo me atacam e me oprimem.
2 Os meus inimigos pressionam-me sem parar;
muitos atacam-me arrogantemente.

3 Mas eu, quando estiver com medo,
confiarei em ti.

4Em Deus, cuja palavra eu louvo,
em Deus eu confio, e não temerei.
Que poderá fazer-me o simples mortal?

5O tempo todo
eles distorcem as minhas palavras;
estão sempre tramando prejudicar-me.
6Conspiram, ficam à espreita,
vigiam os meus passos,
na esperança de tirar-me a vida.
7Deixarás escapar essa gente tão perversa?[a]
Na tua ira, ó Deus, derruba as nações.
8Registra, tu mesmo, o meu lamento;
recolhe as minhas lágrimas em teu odre;
acaso não estão anotadas em teu livro?

9Os meus inimigos retrocederão,
quando eu clamar por socorro.
Com isso saberei que Deus está a meu favor.
10Confio em Deus, cuja palavra louvo,
no SENHOR, cuja palavra louvo,
11em Deus eu confio, e não temerei.
Que poderá fazer-me o homem?

12Cumprirei os votos que te fiz, ó Deus;
a ti apresentarei minhas ofertas de gratidão.
13Pois me livraste da morte
e os meus pés de tropeçarem,
para que eu ande diante de Deus
na luz que ilumina os vivos.

Salmo 57

Para o mestre de música. De acordo com a melodia Não Destruas. *Poema epigráfico davídico. Quando Davi fugiu de Saul para a caverna.*

1Misericórdia, ó Deus; misericórdia,
pois em ti a minha alma se refugia.
Eu me refugiarei à sombra das tuas asas,
até que passe o perigo.

[a] **56:7** Ou *Rejeita-os por causa de sua maldade;*

2Clamo ao Deus Altíssimo,
a Deus, que para comigo
cumpre o seu propósito.
3Dos céus ele me envia a salvação,
põe em fuga
os que me perseguem de perto;

Pausa

Deus envia o seu amor e a sua fidelidade.

4Estou em meio a leões,
ávidos para devorar;
seus dentes são lanças e flechas,
suas línguas são espadas afiadas.

5Sê exaltado, ó Deus, acima dos céus!
Sobre toda a terra esteja a tua glória!

6Preparam armadilhas para os meus pés;
fiquei muito abatido.
Abriram uma cova no meu caminho,
mas foram eles que nela caíram.

Pausa

7Meu coração está firme, ó Deus,
meu coração está firme;
cantarei ao som de instrumentos!
8Acorde, minha alma!
Acordem, harpa e lira!
Vou despertar a alvorada!
9Eu te louvarei, ó Senhor, entre as nações;
cantarei teus louvores entre os povos.
10Pois o teu amor é tão grande
que alcança os céus;
a tua fidelidade vai até as nuvens.

11Sê exaltado, ó Deus, acima dos céus!
Sobre toda a terra esteja a tua glória!

Salmo 58

Para o mestre de música. De acordo com a melodia
Não Destruas. *Davídico. Poema epigráfico.*

1Será que vocês, poderosos[a],
falam de fato com justiça?
Será que vocês, homens, julgam retamente?
2Não! No coração vocês tramam a injustiça,
e na terra as suas mãos espalham a violência.

3Os ímpios erram o caminho desde o ventre;
desviam-se os mentirosos desde que nascem.
4Seu veneno é como veneno de serpente;
tapam os ouvidos,
como a cobra que se faz de surda
5para não ouvir a música dos encantadores,
que fazem encantamentos com tanta habilidade.
6Quebra os dentes deles, ó Deus;
arranca, SENHOR, as presas desses leões!
7Desapareçam como a água que escorre!
Quando empunharem o arco,
caiam sem força as suas flechas![b]
8Sejam como a lesma
que se derrete pelo caminho;
como feto abortado, não vejam eles o sol!

9Os ímpios serão varridos
antes que as suas panelas
sintam o calor da lenha[c],
esteja ela verde ou seca.
10Os justos se alegrarão quando forem vingados,
quando banharem seus pés
no sangue dos ímpios.
11Então os homens comentarão:
"De fato os justos
têm a sua recompensa;
com certeza há um Deus
que faz justiça na terra".

---

[a] **58:1** Ou *deuses*
[b] **58:7** Ou *murchem como a erva que é pisada!*
[c] **58:9** Hebraico: *dos espinhos.*

Salmo 59

Para o mestre de música. De acordo com a melodia Não Destruas. *Poema epigráfico davídico, quando Saul enviou homens para vigiarem a casa de Davi a fim de matá-lo.*

1 Livra-me dos meus inimigos, ó Deus;
põe-me fora do alcance dos meus agressores.
2 Livra-me dos que praticam o mal
e salva-me dos assassinos.

3 Vê como ficam à minha espreita!
Homens cruéis conspiram contra mim,
sem que eu tenha cometido
qualquer delito ou pecado, ó SENHOR.
4 Mesmo eu não tendo culpa de nada,
eles se preparam às pressas para atacar-me.
Levanta-te para ajudar-me;
olha para a situação em que me encontro!
5 Ó SENHOR, Deus dos Exércitos,
ó Deus de Israel!
Desperta para castigar todas as nações;
não tenhas misericórdia
dos traidores perversos.

Pausa

6 Eles voltam ao cair da tarde,
rosnando como cães
e rondando a cidade.
7 Vê que ameaças saem de suas bocas;
seus lábios são como espadas,
e dizem: "Quem nos ouvirá?"
8 Mas tu, SENHOR, vais rir deles;
caçoarás de todas aquelas nações.

9 Ó tu, minha força, por ti vou aguardar;
tu, ó Deus, és o meu alto refúgio.
10 O meu Deus fiel
virá ao meu encontro
e permitirá que eu triunfe
sobre os meus inimigos.
11 Mas não os mates, ó Senhor, nosso escudo,
se não, o meu povo o esquecerá.

Em teu poder faze-os vaguearem,
e abate-os.
12Pelos pecados de suas bocas,
pelas palavras de seus lábios,
sejam apanhados em seu orgulho.
Pelas maldições e mentiras que pronunciam,
13consome-os em tua ira,
consome-os até que não mais existam.
Então se saberá até os confins da terra
que Deus governa Jacó.

Pausa

14Eles voltam ao cair da tarde,
rosnando como cães,
e rondando a cidade.
15À procura de comida perambulam
e, se não ficam satisfeitos, uivam.
16Mas eu cantarei louvores à tua força;
de manhã louvarei a tua fidelidade,
pois tu és o meu alto refúgio,
abrigo seguro nos tempos difíceis.

17Ó minha força, canto louvores a ti;
tu és, ó Deus, o meu alto refúgio,
o Deus que me ama.

Salmo 60

Para o mestre de música. De acordo com a melodia O Lírio da Aliança. *Didático. Poema epigráfico davídico. Quando Davi combateu Arã Naaraim*[a] *e Arã Zobá*[b], *e quando Joabe voltou e feriu doze mil edomitas no vale do Sal.*

1Tu nos rejeitaste e nos dispersaste, ó Deus;
tu derramaste a tua ira;
restaura-nos agora!
2Sacudiste a terra e abriste-lhe fendas;
repara suas brechas,
pois ameaça desmoronar-se.

---

[a] Título: Isto é, os arameus do nordeste da Mesopotâmia.
[b] Título: Isto é, os arameus da Síria central.

3Fizeste passar o teu povo por tempos difíceis;
deste-nos um vinho estonteante.

4Mas aos que te temem deste um sinal
para que fugissem das flechas.

Pausa

5Salva-nos com a tua mão direita
e responde-nos,
para que sejam libertos aqueles a quem amas.
6Do seu santuário[a] Deus falou:
"No meu triunfo dividirei Siquém
e repartirei o vale de Sucote.
7Gileade é minha, Manassés também;
Efraim é o meu capacete,
Judá é o meu cetro.
8Moabe é a pia em que me lavo,
em Edom atiro a minha sandália;
sobre a Filístia dou meu brado de vitória!"

9Quem me levará à cidade fortificada?
Quem me guiará a Edom?
10Não foste tu, ó Deus, que nos rejeitaste
e deixaste de sair com os nossos exércitos?
11Dá-nos ajuda contra os adversários,
pois inútil é o socorro do homem.
12Com Deus conquistaremos a vitória,
e ele pisoteará os nossos adversários.

Salmo 61

Para o mestre de música. Com instrumentos de cordas. Davídico.

1Ouve o meu clamor, ó Deus;
atenta para a minha oração.

2Desde os confins da terra eu clamo a ti,
com o coração abatido;
põe-me a salvo na rocha mais alta do que eu.
3Pois tu tens sido o meu refúgio,
uma torre forte contra o inimigo.

---

[a] **60:6** Ou *Na sua santidade*

[4]Para sempre anseio habitar na tua tenda
e refugiar-me no abrigo das tuas asas.

Pausa

[5]Pois ouviste os meus votos, ó Deus;
deste-me a herança que concedes
aos que temem o teu nome.

[6]Prolonga os dias do rei,
por muitas gerações os seus anos de vida.
[7]Para sempre esteja ele em seu trono,
diante de Deus;
envia o teu amor e a tua fidelidade
para protegê-lo.

[8]Então sempre cantarei louvores ao teu nome,
cumprindo os meus votos cada dia.

Salmo 62

Para o mestre de música. Ao estilo de Jedutum. Salmo davídico.

[1]A minha alma descansa somente em Deus;
dele vem a minha salvação.
[2]Somente ele é a rocha que me salva;
ele é a minha torre segura! Jamais serei abalado!

[3]Até quando todos vocês atacarão um homem
que está como um muro inclinado,
como uma cerca prestes a cair?
[4]Todo o propósito deles é derrubá-lo
de sua posição elevada;
eles se deliciam com mentiras.
Com a boca abençoam,
mas no íntimo amaldiçoam.

Pausa

[5]Descanse somente em Deus,
ó minha alma;
dele vem a minha esperança.
[6]Somente ele é a rocha que me salva;
ele é a minha torre alta! Não serei abalado!

7A minha salvação e a minha honra
de Deus dependem;
ele é a minha rocha firme, o meu refúgio.
8Confie nele em todos os momentos, ó povo;
derrame diante dele o coração,
pois ele é o nosso refúgio.

Pausa

9Os homens de origem humilde
não passam de um sopro,
os de origem importante
não passam de mentira;
pesados na balança,
juntos não chegam ao peso de um sopro.
10Não confiem na extorsão,
nem ponham a esperança em bens roubados;
se as suas riquezas aumentam,
não ponham nelas o coração.

11Uma vez Deus falou,
duas vezes eu ouvi,
que o poder pertence a Deus.
12Contigo também, Senhor, está a fidelidade.
É certo que retribuirás a cada um
conforme o seu procedimento.

Salmo 63

Salmo de Davi, quando ele estava no deserto de Judá.

1Ó Deus, tu és o meu Deus,
eu te busco intensamente;
a minha alma tem sede de ti!
Todo o meu ser anseia por ti,
numa terra seca, exausta e sem água.

2Quero contemplar-te no santuário
e avistar o teu poder e a tua glória.
3O teu amor é melhor do que a vida!
Por isso os meus lábios te exaltarão.
4Enquanto eu viver te bendirei,
e em teu nome levantarei as minhas mãos.

5A minha alma ficará satisfeita
como quando tem rico banquete;
com lábios jubilosos a minha boca te louvará.

6Quando me deito lembro-me de ti;
penso em ti durante as vigílias da noite.
7Porque és a minha ajuda,
canto de alegria à sombra das tuas asas.
8A minha alma apega-se a ti;
a tua mão direita me sustém.
9Aqueles, porém, que querem matar-me
serão destruídos;
descerão às profundezas da terra.
10Serão entregues à espada
e devorados por chacais.

11Mas o rei se alegrará em Deus;
todos os que juram pelo nome de Deus
o louvarão,
mas as bocas dos mentirosos serão tapadas.

Salmo 64

Para o mestre de música. Salmo davídico.

1Ouve-me, ó Deus, quando faço a minha queixa;
protege a minha vida do inimigo ameaçador.
2Defende-me da conspiração dos ímpios
e da ruidosa multidão de malfeitores.

3Eles afiam a língua como espada
e apontam, como flechas, palavras envenenadas.
4De onde estão emboscados
atiram no homem íntegro;
atiram de surpresa, sem qualquer temor.

5Animam-se uns aos outros
com planos malignos,
combinam como ocultar as suas armadilhas,
e dizem: "Quem as[a] verá?"

---

[a] **64:5** Ou *nos*

[6]Tramam a injustiça e dizem:
"Fizemos[a] um plano perfeito!"
A mente e o coração de cada um deles
o encobrem![b]

[7]Mas Deus atirará neles suas flechas;
repentinamente serão atingidos.
[8]Pelas próprias palavras
farão cair uns aos outros;
menearão a cabeça e zombarão deles
todos os que os virem.

[9]Todos os homens temerão,
e proclamarão as obras de Deus,
refletindo no que ele fez.
[10]Alegrem-se os justos no SENHOR
e nele busquem refúgio;
congratulem-se todos os retos de coração!

Salmo 65

Para o mestre de música. Salmo davídico. Um cântico.

[1]O louvor te aguarda[c] em Sião, ó Deus;
os votos que te fizemos serão cumpridos.
[2]Ó tu que ouves a oração,
a ti virão todos os homens.
[3]Quando os nossos pecados pesavam sobre nós,
tu mesmo fizeste propiciação
por nossas transgressões.
[4]Como são felizes aqueles que escolhes
e trazes a ti, para viverem nos teus átrios!
Transbordamos de bênçãos da tua casa,
do teu santo templo!

[5]Tu nos respondes
com temíveis feitos de justiça,
ó Deus, nosso Salvador,

[a] **64:6** Ou *Eles ocultam*
[b] **64:6** Ou *Ninguém nos descobrirá!*
[c] **65:1** Ou *O louvor é apropriado a ti*

esperança de todos os confins da terra
e dos mais distantes mares.
6Tu que firmaste os montes pela tua força,
pelo teu grande poder.
7Tu que acalmas o bramido dos mares,
o bramido de suas ondas,
e o tumulto das nações.
8Tremem os habitantes das terras distantes
diante das tuas maravilhas;
do nascente ao poente
despertas canções de alegria.

9Cuidas da terra e a regas;
fartamente a enriqueces.
Os riachos de Deus transbordam
para que nunca falte o trigo,
pois assim ordenaste.[a]
10Encharcas os seus sulcos
e aplainas os seus torrões;
tu a amoleces com chuvas
e abençoas as suas colheitas.
11Coroas o ano com a tua bondade,
e por onde passas emana fartura;
12fartura vertem as pastagens do deserto,
e as colinas se vestem de alegria.
13Os campos se revestem de rebanhos
e os vales se cobrem de trigo;
eles exultam e cantam de alegria!

Salmo 66

Para o mestre de música. Um cântico. Um salmo.

1Aclamem a Deus, povos de toda terra!
2Cantem louvores ao seu glorioso nome;
louvem-no gloriosamente!
3Digam a Deus:
"Quão temíveis são os teus feitos!
Tão grande é o teu poder que os teus inimigos
rastejam diante de ti!

---

[a] **65:9** Ou *pois é assim que preparas a terra.*

[4]Toda a terra te adora
e canta louvores a ti,
canta louvores ao teu nome".

Pausa

[5]Venham e vejam o que Deus tem feito;
como são impressionantes
as suas obras em favor dos homens!
[6]Ele transformou o mar em terra seca,
e o povo atravessou as águas[a] a pé;
e ali nos alegramos nele.[b]
[7]Ele governa para sempre com o seu poder,
seus olhos vigiam as nações;
que os rebeldes
não se levantem contra ele!

Pausa

[8]Bendigam o nosso Deus, ó povos,
façam ressoar o som do seu louvor;
[9]foi ele quem preservou a nossa vida
impedindo que os nossos pés escorregassem.
[10]Pois tu, ó Deus, nos submeteste à prova
e nos refinaste como a prata.
[11]Fizeste-nos cair numa armadilha
e sobre nossas costas puseste fardos.
[12]Deixaste que os inimigos cavalgassem
sobre a nossa cabeça;
passamos pelo fogo e pela água,
mas a um lugar de fartura[c] nos trouxeste.

[13]Para o teu templo virei com holocaustos[d]
e cumprirei os meus votos para contigo,
[14]votos que os meus lábios fizeram
e a minha boca falou
quando eu estava em dificuldade.
[15]Oferecerei a ti animais gordos em holocausto;
sacrificarei carneiros, cuja fumaça subirá a ti,
e também novilhos e cabritos.

Pausa

---

[a] **66:6** Ou *o rio*
[b] **66:6** Ou *venham, alegremo-nos nele.*
[c] **66:12** Algumas versões antigas dizem *de repouso.*
[d] **66:13** Isto é, sacrifícios totalmente queimados; também no versículo 15.

[16]Venham e ouçam,
todos vocês que temem a Deus;
vou contar-lhes o que ele fez por mim.
[17]A ele clamei com os lábios;
com a língua o exaltei.
[18]Se eu acalentasse o pecado no coração,
o Senhor não me ouviria;
[19]mas Deus me ouviu,
deu atenção à oração que lhe dirigi.
[20]Louvado seja Deus,
que não rejeitou a minha oração
nem afastou de mim o seu amor!

Salmo 67

Para o mestre de música. Com instrumentos de cordas. Um salmo. Um cântico.

[1]Que Deus tenha misericórdia de nós
e nos abençoe,
e faça resplandecer
o seu rosto sobre nós[a],

Pausa

[2]para que sejam conhecidos na terra
os teus caminhos,
a tua salvação entre todas as nações.

[3]Louvem-te os povos, ó Deus;
louvem-te todos os povos.
[4]Exultem e cantem de alegria as nações,
pois governas os povos com justiça
e guias as nações na terra.

Pausa

[5]Louvem-te os povos, ó Deus;
louvem-te todos os povos.

[6]Que a terra dê a sua colheita,
e Deus, o nosso Deus, nos abençoe!
[7]Que Deus nos abençoe,
e o temam todos os confins da terra.

---

[a] **67:1** Isto é, mostre-nos a sua bondade.

Salmo 68

Para o mestre de música. Davídico. Um salmo. Um cântico.

1Que Deus se levante!
Sejam espalhados os seus inimigos,
fujam dele os seus adversários.
2Que tu os dissipes
assim como o vento leva a fumaça;
como a cera se derrete na presença do fogo,
assim pereçam os ímpios na presença de Deus.
3Alegrem-se, porém, os justos!
Exultem diante de Deus!
Regozijem-se com grande alegria!

4Cantem a Deus, louvem o seu nome,
exaltem aquele que cavalga sobre as nuvens;[a]
seu nome é SENHOR!
Exultem diante dele!
5Pai para os órfãos e defensor das viúvas
é Deus em sua santa habitação.
6Deus dá um lar aos solitários,
liberta os presos para a prosperidade,
mas os rebeldes vivem em terra árida.

7Quando saíste à frente do teu povo, ó Deus,
quando marchaste pelo ermo,

Pausa

8a terra tremeu,
o céu derramou chuva
diante de Deus, o Deus do Sinai,
diante de Deus, o Deus de Israel.
9Deste chuvas generosas, ó Deus;
refrescaste a tua herança exausta.
10O teu povo nela se instalou,
e da tua bondade, ó Deus, supriste os pobres.

11O Senhor anunciou a palavra,
e muitos mensageiros a proclamavam:
12"Reis e exércitos fogem em debandada;
a dona-de-casa reparte os despojos.[b]

[a] **68:4** Ou *preparem o caminho para aquele que cavalga pelos desertos;*
[b] **68:12** Ou *as belas mulheres do palácio são repartidas como despojo.*

[13]Mesmo quando vocês dormem
 entre as fogueiras do acampamento[a],
 as asas da minha pomba
 estão recobertas de prata,
 as suas penas, de ouro reluzente".
[14]Quando o Todo-poderoso espalhou os reis,
foi como neve no monte Zalmom.

[15]Os montes de Basã são majestosos;
escarpados são os montes de Basã.
[16]Por que, ó montes escarpados,
 estão com inveja do monte que Deus
 escolheu para sua habitação,
onde o próprio SENHOR habitará para sempre?
[17]Os carros de Deus são incontáveis,
 são milhares de milhares;
neles o Senhor veio do Sinai
 para o seu Lugar Santo.
[18]Quando subiste em triunfo às alturas,
 ó SENHOR Deus,
levaste cativos muitos prisioneiros;
recebeste homens como dádivas,
 até mesmo rebeldes,
para estabeleceres morada.[b]

[19]Bendito seja o Senhor,
 Deus, nosso Salvador,
que cada dia suporta as nossas cargas.

Pausa

[20]O nosso Deus é um Deus que salva;
ele é o Soberano, ele é o SENHOR
 que nos livra da morte.

[21]Certamente Deus
 esmagará a cabeça dos seus inimigos,
o crânio cabeludo
 dos que persistem em seus pecados.
[22]"Eu os trarei de Basã", diz o Senhor,
 "eu os trarei das profundezas do mar,

---

[a] **68:13** Ou *os alforjes*
[b] **68:18** Ou *dádivas dentre os homens, até dos que se rebelaram contra a tua habitação.*

[23]para que você encharque os pés
no sangue dos inimigos,
sangue do qual a língua dos cães
terá a sua porção."

[24]Já se vê a tua marcha triunfal, ó Deus,
a marcha do meu Deus e Rei
adentrando o santuário.
[25]À frente estão os cantores, depois os músicos;
com eles vão as jovens tocando tamborins.
[26]Bendigam a Deus na grande congregação!
Bendigam o SENHOR,
descendentes[a] de Israel!
[27]Ali está a pequena tribo de Benjamim,
a conduzi-los,
os príncipes de Judá
acompanhados de suas tropas,
e os príncipes de Zebulom e Naftali.

[28]A favor de vocês,
manifeste Deus o seu poder![b]
Mostra, ó Deus, o poder que já tens operado
para conosco.
[29]Por causa do teu templo em Jerusalém,
reis te trarão presentes.
[30]Repreende a fera entre os juncos,
a manada de touros
entre os bezerros das nações.
Humilhados, tragam barras de prata.
Espalha as nações que têm prazer na guerra.
[31]Ricos tecidos[c] venham do Egito;
a Etiópia corra para Deus de mãos cheias.

[32]Cantem a Deus, reinos da terra,
louvem o Senhor,

Pausa

[33]aquele que cavalga os céus, os antigos céus.
Escutem! Ele troveja com voz poderosa.

---

[a] **68:26** Hebraico: *fonte.*
[b] **68:28** Conforme alguns manuscritos do Texto Massorético. Muitos manuscritos do Texto Massorético e algumas versões antigas dizem *Manifesta, ó Deus, o teu poder!*
[c] **68:31** Ou *embaixadores*

34Proclamem o poder de Deus!
Sua majestade está sobre Israel,
seu poder está nas altas nuvens.
35Tu és temível no teu santuário, ó Deus;
é o Deus de Israel
que dá poder e força ao seu povo.

Bendito seja Deus!

Salmo 69

Para o mestre de música. De acordo com a melodia Lírios. *Davídico.*

1Salva-me, ó Deus!,
pois as águas subiram até o meu pescoço.
2Nas profundezas lamacentas eu me afundo;
não tenho onde firmar os pés.
Entrei em águas profundas;
as correntezas me arrastam.
3Cansei-me de pedir socorro;
minha garganta se abrasa.
Meus olhos fraquejam
de tanto esperar pelo meu Deus.
4Os que sem razão me odeiam
são mais do que os fios de cabelo
da minha cabeça;
muitos são os que me prejudicam sem motivo,
muitos, os que procuram destruir-me.
Sou forçado a devolver o que não roubei.

5Tu bem sabes como fui insensato, ó Deus;
a minha culpa não te é encoberta.

6Não se decepcionem por minha causa
aqueles que esperam em ti,
ó Senhor, Senhor dos Exércitos!
Não se frustrem por minha causa
os que te buscam, ó Deus de Israel!
7Pois por amor a ti suporto zombaria,
e a vergonha cobre-me o rosto.
8Sou um estrangeiro para os meus irmãos,
um estranho até para os filhos da minha mãe;

9pois o zelo pela tua casa me consome,
e os insultos daqueles que te insultam
caem sobre mim.
10Até quando choro e jejuo,
tenho que suportar zombaria;
11quando ponho vestes de lamento,
sou objeto de chacota.
12Os que se ajuntam na praça falam de mim,
e sou a canção dos bêbados.

13Mas eu, Senhor, no tempo oportuno,
elevo a ti minha oração;
responde-me, por teu grande amor, ó Deus,
com a tua salvação infalível!
14Tira-me do atoleiro,
não me deixes afundar;
liberta-me dos que me odeiam
e das águas profundas.
15Não permitas que as correntezas me arrastem,
nem que as profundezas me engulam,
nem que a cova feche sobre mim a sua boca!
16Responde-me, Senhor,
pela bondade do teu amor;
por tua grande misericórdia, volta-te para mim.
17Não escondas do teu servo a tua face;
responde-me depressa, pois estou em perigo.
18Aproxima-te e resgata-me;
livra-me por causa dos meus inimigos.
19Tu bem sabes como sofro zombaria,
humilhação e vergonha;
conheces todos os meus adversários.
20A zombaria partiu-me o coração;
estou em desespero!
Supliquei por socorro, nada recebi;
por consoladores, e a ninguém encontrei.
21Puseram fel na minha comida
e para matar-me a sede deram-me vinagre.

[22]Que a mesa deles se lhes transforme em laço;
torne-se retribuição e[a] armadilha.
[23]Escureçam-se os seus olhos
para que não consigam ver;
faze-lhes tremer o corpo sem parar.
[24]Despeja sobre eles a tua ira;
que o teu furor ardente os alcance.
[25]Fique deserto o lugar deles;
não haja ninguém que habite nas suas tendas.
[26]Pois perseguem aqueles que tu feres
e comentam a dor daqueles a quem castigas.
[27]Acrescenta-lhes pecado sobre pecado;
não os deixes alcançar a tua justiça.
[28]Sejam eles tirados do livro da vida
e não sejam incluídos no rol dos justos.

[29]Grande é a minha aflição e a minha dor!
Proteja-me, ó Deus, a tua salvação!

[30]Louvarei o nome de Deus com cânticos
e proclamarei sua grandeza
com ações de graças;
[31]isso agradará o SENHOR mais do que bois,
mais do que touros com seus chifres e cascos.
[32]Os necessitados o verão e se alegrarão;
a vocês que buscam a Deus,
vida ao seu coração!
[33]O SENHOR ouve o pobre
e não despreza o seu povo aprisionado.

[34]Louvem-no os céus e a terra,
os mares e tudo o que neles se move,
[35]pois Deus salvará Sião
e reconstruirá as cidades de Judá.
Então o povo ali viverá e tomará posse da terra;
[36]a descendência dos seus servos a herdará,
e nela habitarão os que amam o seu nome.

---

[a] **69:22** Ou *Que até as suas ofertas de comunhão se tornem em armadilha;* ou ainda *Que até os seus aliados se tornem uma armadilha*

Salmo 70

Para o mestre de música. Davídico. Uma petição.

1Livra-me, ó Deus!
Apressa-te, SENHOR, a ajudar-me!
2Sejam humilhados e frustrados
os que procuram tirar-me a vida;
retrocedam desprezados
os que desejam a minha ruína.
3Retrocedam em desgraça
os que zombam de mim.
4Mas regozijem-se e alegrem-se em ti
todos os que te buscam;
digam sempre os que amam a tua salvação:
"Como Deus é grande!"

5Quanto a mim, sou pobre e necessitado;
apressa-te, ó Deus.
Tu és o meu socorro e o meu libertador;
SENHOR, não te demores!

Salmo 71

1Em ti, SENHOR, busquei refúgio;
nunca permitas que eu seja humilhado.
2Resgata-me e livra-me por tua justiça;
inclina o teu ouvido para mim e salva-me.
3Peço-te que sejas a minha rocha de refúgio,
para onde eu sempre possa ir;
dá ordem para que me libertem,
pois és a minha rocha
e a minha fortaleza.
4Livra-me, ó meu Deus, das mãos dos ímpios,
das garras dos perversos e cruéis.

5Pois tu és a minha esperança,
ó Soberano SENHOR,
em ti está a minha confiança desde a juventude.
6Desde o ventre materno dependo de ti;
tu me sustentaste[a]

[a] **71:6** Ou *separaste*

desde as entranhas de minha mãe.
Eu sempre te louvarei!
7 Tornei-me um exemplo para muitos,
porque tu és o meu refúgio seguro.
8 Do teu louvor transborda a minha boca,
que o tempo todo proclama o teu esplendor.

9 Não me rejeites na minha velhice;
não me abandones
quando se vão as minhas forças.
10 Pois os meus inimigos me caluniam;
os que estão à espreita juntam-se e
planejam matar-me.
11 "Deus o abandonou", dizem eles;
"persigam-no e prendam-no,
pois ninguém o livrará."
12 Não fiques longe de mim, ó Deus;
ó meu Deus, apressa-te em ajudar-me.
13 Pereçam humilhados os meus acusadores;
sejam cobertos de zombaria e vergonha
os que querem prejudicar-me.
14 Mas eu sempre terei esperança
e te louvarei cada vez mais.
15 A minha boca falará sem cessar da tua justiça
e dos teus incontáveis atos de salvação.
16 Falarei dos teus feitos poderosos,
ó Soberano SENHOR;
proclamarei a tua justiça,
unicamente a tua justiça.
17 Desde a minha juventude, ó Deus,
tens me ensinado,
e até hoje eu anuncio as tuas maravilhas.
18 Agora que estou velho, de cabelos brancos,
não me abandones, ó Deus,
para que eu possa falar da tua força
aos nossos filhos,
e do teu poder às futuras gerações.

19 Tua justiça chega até as alturas, ó Deus,
tu, que tens feito coisas grandiosas.
Quem se compara a ti, ó Deus?

[20]Tu, que me fizeste passar
muitas e duras tribulações,
restaurarás a minha vida,
e das profundezas da terra
de novo me farás subir.
[21]Tu me farás mais honrado
e mais uma vez me consolarás.

[22]E eu te louvarei com a lira
por tua fidelidade, ó meu Deus;
cantarei louvores a ti com a harpa,
ó Santo de Israel.
[23]Os meus lábios gritarão de alegria
quando eu cantar louvores a ti,
pois tu me redimiste.
[24]Também a minha língua sempre falará
dos teus atos de justiça,
pois os que queriam prejudicar-me
foram humilhados e ficaram frustrados.

Salmo 72

De Salomão.

[1]Reveste da tua justiça o rei, ó Deus,
e o filho do rei, da tua retidão,
[2]para que ele julgue com retidão
e com justiça os teus que sofrem opressão.
[3]Que os montes tragam prosperidade ao povo,
e as colinas, o fruto da justiça.
[4]Defenda ele os oprimidos entre o povo
e liberte os filhos dos pobres;
esmague ele o opressor!

[5]Que ele perdure[a] como o sol
e como a lua, por todas as gerações.
[6]Seja ele como chuva
sobre uma lavoura ceifada,
como aguaceiros que regam a terra.

---

[a] **72:5** Conforme a Septuaginta. O Texto Massorético diz *Que tu sejas temido.*

[7]Floresçam os justos nos dias do rei,
e haja grande prosperidade enquanto durar a lua.

[8]Governe ele de mar a mar
e desde o rio Eufrates até os confins da terra[a].
[9]Inclinem-se diante dele as tribos do deserto[b],
e os seus inimigos lambam o pó.
[10]Que os reis de Társis e das regiões litorâneas
lhe tragam tributo;
os reis de Sabá e de Sebá
lhe ofereçam presentes.
[11]Inclinem-se diante dele todos os reis,
e sirvam-no todas as nações.

[12]Pois ele liberta os pobres que pedem socorro,
os oprimidos que não têm quem os ajude.
[13]Ele se compadece dos fracos e dos pobres,
e os salva da morte.
[14]Ele os resgata da opressão e da violência,
pois aos seus olhos a vida[c] deles é preciosa.

[15]Tenha o rei vida longa!
Receba ele o ouro de Sabá.
Que se ore por ele continuamente,
e todo o dia se invoquem bênçãos sobre ele.
[16]Haja fartura de trigo por toda a terra,
ondulando no alto dos montes.
Floresçam os seus frutos como os do Líbano
e cresçam as cidades como as plantas no campo.
[17]Permaneça para sempre o seu nome
e dure a sua fama enquanto o sol brilhar.
Sejam abençoadas todas as nações
por meio dele,
e que elas o chamem bendito.
[18]Bendito seja o Senhor Deus,
o Deus de Israel,
o único que realiza feitos maravilhosos.

---

[a] **72:8** Ou *do país*
[b] **72:9** Ou *criaturas do deserto;* ou ainda *adversários*
[c] **72:14** Hebraico: *sangue.*

[19]Bendito seja
o seu glorioso nome para sempre;
encha-se toda a terra da sua glória.
Amém e amém.

[20]Encerram-se aqui as orações de Davi, filho de Jessé.

TERCEIRO LIVRO

Salmo 73

Salmo da família de Asafe.

[1]Certamente Deus é bom para Israel,
para os puros de coração.

[2]Quanto a mim, os meus pés quase tropeçaram;
por pouco não escorreguei.
[3]Pois tive inveja dos arrogantes
quando vi a prosperidade desses ímpios.

[4]Eles não passam por sofrimento[a]
e têm o corpo saudável e forte.
[5]Estão livres dos fardos de todos;
não são atingidos por doenças
como os outros homens.
[6]Por isso o orgulho lhes serve de colar,
e eles se vestem de violência.
[7]Do seu íntimo[b] brota a maldade[c];
da sua mente transbordam maquinações.
[8]Eles zombam e falam com más intenções;
em sua arrogância ameaçam com opressão.
[9]Com a boca arrogam a si os céus,
e com a língua se apossam da terra.
[10]Por isso o seu povo se volta para eles
e bebe suas palavras até saciar-se.
[11]Eles dizem: "Como saberá Deus?
Terá conhecimento o Altíssimo?"

---

[a] **73:4** Ou *sofrimento até morrer;* ou ainda *sofrimento; até morrer o corpo deles é*
[b] **73:7** Hebraico: *gordura.*
[c] **73:7** Conforme a Versão Siríaca. O Texto Massorético diz *Seus olhos saltam-lhes da gordura.*

12 Assim são os ímpios;
sempre despreocupados,
aumentam suas riquezas.

13 Certamente foi-me inútil
manter puro o coração
e lavar as mãos na inocência,
14 pois o dia inteiro sou afligido,
e todas as manhãs sou castigado.
15 Se eu tivesse dito: Falarei como eles,
teria traído os teus filhos.
16 Quando tentei entender tudo isso,
achei muito difícil para mim,
17 até que entrei no santuário de Deus,
e então compreendi o destino dos ímpios.

18 Certamente os pões em terreno escorregadio
e os fazes cair na ruína.
19 Como são destruídos de repente,
completamente tomados de pavor!
20 São como um sonho
que se vai quando acordamos;
quando te levantares, Senhor,
tu os farás desaparecer.

21 Quando o meu coração estava amargurado
e no íntimo eu sentia inveja,
22 agi como insensato e ignorante;
minha atitude para contigo
era a de um animal irracional.

23 Contudo, sempre estou contigo;
tomas a minha mão direita e me susténs.
24 Tu me diriges com o teu conselho,
e depois me receberás com honras.
25 A quem tenho nos céus senão a ti?
E na terra, nada mais desejo
além de estar junto a ti.
26 O meu corpo e o meu coração
poderão fraquejar,
mas Deus é a força do meu coração
e a minha herança para sempre.

[27]Os que te abandonam sem dúvida perecerão;
tu destróis todos os infiéis.
[28]Mas, para mim, bom é estar perto de Deus;
fiz do Soberano Senhor o meu refúgio;
proclamarei todos os teus feitos.

Salmo 74

Poema da família de Asafe.

[1]Por que nos rejeitaste definitivamente, ó Deus?
Por que se acende a tua ira
contra as ovelhas da tua pastagem?
[2]Lembra-te do povo que adquiriste
em tempos passados,
da tribo da tua herança, que resgataste,
do monte Sião, onde habitaste.
[3]Volta os teus passos
para aquelas ruínas irreparáveis,
para toda a destruição
que o inimigo causou em teu santuário.

[4]Teus adversários gritaram triunfantes
bem no local onde te encontravas conosco,
e hastearam suas bandeiras em sinal de vitória.
[5]Pareciam homens armados com machados
invadindo um bosque cerrado.
[6]Com seus machados e machadinhas
esmigalharam todos os revestimentos
de madeira esculpida.
[7]Atearam fogo ao teu santuário;
profanaram o lugar da habitação do teu nome.
[8]Disseram no coração:
"Vamos acabar com eles!"
Queimaram todos os santuários do país.
[9]Já não vemos sinais milagrosos;
não há mais profetas,
e nenhum de nós sabe
até quando isso continuará.

[10]Até quando o adversário irá zombar, ó Deus?
Será que o inimigo blasfemará

o teu nome para sempre?
[11]Por que reténs a tua mão, a tua mão direita?
Não fiques de braços cruzados! Destrói-os!

[12]Mas tu, ó Deus,
és o meu rei desde a antiguidade;
trazes salvação sobre a terra.
[13]Tu dividiste o mar pelo teu poder;
quebraste as cabeças das serpentes das águas.
[14]Esmagaste as cabeças do Leviatã[a]
e o deste por comida às criaturas do deserto.
[15]Tu abriste fontes e regatos;
secaste rios perenes.
[16]O dia é teu, e tua também é a noite;
estabeleceste o sol e a lua.
[17]Determinaste todas as fronteiras da terra;
fizeste o verão e o inverno.

[18]Lembra-te de como o inimigo
tem zombado de ti, ó SENHOR,
como os insensatos têm blasfemado o teu nome.
[19]Não entregues a vida da tua pomba
aos animais selvagens;
não te esqueças para sempre da vida
do teu povo indefeso.
[20]Dá atenção à tua aliança,
porque de antros de violência se enchem
os lugares sombrios do país.
[21]Não deixes que o oprimido
se retire humilhado!
Faze que o pobre e o necessitado
louvem o teu nome.

[22]Levanta-te, ó Deus, e defende a tua causa;
lembra-te de como os insensatos
zombam de ti sem cessar.
[23]Não ignores a gritaria dos teus adversários,
o crescente tumulto dos teus inimigos.

---

[a] **74:14** Ou *monstro marinho*

Salmo 75

Para o mestre de música. De acordo com a melodia Não Destruas. *Salmo da família de Asafe. Um cântico.*

1Damos-te graças, ó Deus,
damos-te graças, pois perto está o teu nome;
todos falam dos teus feitos maravilhosos.

2Tu dizes: "Eu determino o tempo
em que julgarei com justiça.
3Quando treme a terra
com todos os seus habitantes,
sou eu que mantenho firmes
as suas colunas.

Pausa

4"Aos arrogantes digo: Parem de vangloriar-se!
E aos ímpios: Não se rebelem![a]
5Não se rebelem contra os céus;
não falem com insolência".

6Não é do oriente nem do ocidente
nem do deserto que vem a exaltação.
7É Deus quem julga:
Humilha a um, a outro exalta.
8Na mão do SENHOR está um cálice
cheio de vinho espumante e misturado;
ele o derrama, e todos os ímpios da terra
o bebem até a última gota.
9Quanto a mim,
para sempre anunciarei essas coisas;
cantarei louvores ao Deus de Jacó.
10Destruirei o poder[b] de todos os ímpios,
mas o poder dos justos aumentará.

Salmo 76

Para o mestre de música. Com instrumentos de cordas. Salmo da família de Asafe. Um cântico.

1Em Judá Deus é conhecido;
o seu nome é grande em Israel.

---

[a] **75:4** Hebraico: *Não levantem o chifre*; também no versículo 5.
[b] **75:10** Hebraico: *chifre*. Duas vezes neste versículo.

2Sua tenda está em Salém;
o lugar da sua habitação está em Sião.
3Ali quebrou ele as flechas reluzentes,
os escudos e as espadas,
as armas de guerra.

Pausa

4Resplendes de luz!
És mais majestoso que os montes
cheios de despojos.
5Os homens valorosos jazem saqueados,
dormem o sono final;
nenhum dos guerreiros
foi capaz de erguer as mãos.
6Diante da tua repreensão, ó Deus de Jacó,
o cavalo e o carro estacaram.
7Somente tu és temível.
Quem poderá permanecer diante de ti
quando estiveres irado?
8Dos céus pronunciaste juízo,
e a terra tremeu e emudeceu,
9quando tu, ó Deus, te levantaste para julgar,
para salvar todos os oprimidos da terra.

Pausa

10Até a tua ira contra os homens
redundará em teu louvor,
e os sobreviventes da tua ira se refrearão.[a]

11Façam votos ao SENHOR, ao seu Deus,
e não deixem de cumpri-los;
que todas as nações vizinhas tragam presentes
a quem todos devem temer.
12Ele tira o ânimo dos governantes
e é temido pelos reis da terra.

Salmo 77

Para o mestre de música. Ao estilo de Jedutum. Salmo da família de Asafe.

1Clamo a Deus por socorro;
clamo a Deus que me escute.

---

[a] **76:10** Ou *Até a ira dos homens redundará em teu louvor, e com o restante da ira tu te armas.*

[2]Quando estou angustiado, busco o Senhor;
de noite estendo as mãos sem cessar;
a minha alma está inconsolável!

[3]Lembro-me de ti, ó Deus, e suspiro;
começo a meditar,
e o meu espírito desfalece.

Pausa

[4]Não me permites fechar os olhos;
tão inquieto estou que não consigo falar.
[5]Fico a pensar nos dias que se foram,
nos anos há muito passados;
[6]de noite recordo minhas canções.
O meu coração medita,
e o meu espírito pergunta:

[7]Irá o Senhor rejeitar-nos para sempre?
Jamais tornará a mostrar-nos o seu favor?
[8]Desapareceu para sempre o seu amor?
Acabou-se a sua promessa?
[9]Esqueceu-se Deus de ser misericordioso?
Em sua ira refreou sua compaixão?

Pausa

[10]Então pensei: A razão da minha dor
é que a mão direita do Altíssimo não age mais.[a]

[11]Recordarei os feitos do Senhor;
recordarei os teus antigos milagres.
[12]Meditarei em todas as tuas obras
e considerarei todos os teus feitos.

[13]Teus caminhos, ó Deus, são santos.
Que deus é tão grande como o nosso Deus?
[14]Tu és o Deus que realiza milagres;
mostras o teu poder entre os povos.
[15]Com o teu braço forte resgataste o teu povo,
os descendentes de Jacó e de José.

Pausa

[16]As águas te viram, ó Deus,
as águas te viram e se contorceram;

---

[a] **77:10** Ou *Apelarei para o que há muito fez a mão direita do Altíssimo.*

até os abismos estremeceram.
17 As nuvens despejaram chuvas,
ressoou nos céus o trovão;
as tuas flechas reluziam em todas as direções.
18 No redemoinho, estrondou o teu trovão,
os teus relâmpagos iluminaram o mundo;
a terra tremeu e sacudiu-se.
19 A tua vereda passou pelo mar,
o teu caminho pelas águas poderosas,
e ninguém viu as tuas pegadas.

20 Guiaste o teu povo como a um rebanho
pela mão de Moisés e de Arão.

Salmo 78

Poema da família de Asafe.

1 Povo meu, escute o meu ensino;
incline os ouvidos
para o que eu tenho a dizer.
2 Em parábolas abrirei a minha boca,
proferirei enigmas do passado;
3 o que ouvimos e aprendemos,
o que nossos pais nos contaram.
4 Não os esconderemos dos nossos filhos;
contaremos à próxima geração
os louváveis feitos do Senhor,
o seu poder e as maravilhas que fez.
5 Ele decretou estatutos para Jacó,
e em Israel estabeleceu a lei,
e ordenou aos nossos antepassados
que a ensinassem aos seus filhos,
6 de modo que a geração seguinte a conhecesse,
e também os filhos que ainda nasceriam,
e eles, por sua vez,
contassem aos seus próprios filhos.
7 Então eles porão a confiança em Deus;
não esquecerão os seus feitos
e obedecerão aos seus mandamentos.

8Eles não serão como os seus antepassados,
obstinados e rebeldes,
povo de coração desleal para com Deus,
gente de espírito infiel.

9Os homens de Efraim, flecheiros armados,
viraram as costas no dia da batalha;
10não guardaram a aliança de Deus
e se recusaram a viver de acordo com a sua lei.
11Esqueceram o que ele tinha feito,
as maravilhas que lhes havia mostrado.
12Ele fez milagres diante dos seus antepassados,
na terra do Egito, na região de Zoã.
13Dividiu o mar para que pudessem passar;
fez a água erguer-se como um muro.
14Ele os guiou com a nuvem de dia
e com a luz do fogo de noite.
15Fendeu as rochas no deserto
e deu-lhes tanta água
como a que flui das profundezas;
16da pedra fez sair regatos
e fluir água como um rio.

17Mas contra ele continuaram a pecar,
revoltando-se no deserto contra o Altíssimo.
18Deliberadamente puseram Deus à prova,
exigindo o que desejavam comer.
19Duvidaram de Deus, dizendo:
"Poderá Deus preparar uma mesa no deserto?
20Sabemos que quando ele feriu a rocha
a água brotou e jorrou em torrentes.
Mas conseguirá também dar-nos de comer?
Poderá suprir de carne o seu povo?"
21O Senhor os ouviu e enfureceu-se;
com fogo atacou Jacó,
e sua ira levantou-se contra Israel,
22pois eles não creram em Deus
nem confiaram no seu poder salvador.
23Contudo, ele deu ordens às nuvens
e abriu as portas dos céus;

24fez chover maná para que o povo comesse,
deu-lhe o pão[a] dos céus.
25Os homens comeram o pão dos anjos;
enviou-lhes comida à vontade.
26Enviou dos céus o vento oriental
e pelo seu poder fez avançar o vento sul.
27Fez chover carne sobre eles como pó,
bandos de aves como a areia da praia.
28Levou-as a cair dentro do acampamento,
ao redor das suas tendas.
29Comeram à vontade,
e assim ele satisfez o desejo deles.
30Mas, antes de saciarem o apetite,
quando ainda tinham a comida na boca,
31acendeu-se contra eles a ira de Deus;
e ele feriu de morte os mais fortes dentre eles,
matando os jovens de Israel.

32A despeito disso tudo, continuaram pecando;
não creram nos seus prodígios.
33Por isso ele encerrou
os dias deles como um sopro
e os anos deles em repentino pavor.
34Sempre que Deus os castigava com a morte,
eles o buscavam;
com fervor se voltavam de novo para ele.
35Lembravam-se de que Deus era a sua Rocha,
de que o Deus Altíssimo era o seu Redentor.
36Com a boca o adulavam,
com a língua o enganavam;
37o coração deles não era sincero;
não foram fiéis à sua aliança.
38Contudo, ele foi misericordioso;
perdoou-lhes as maldades
e não os destruiu.
Vez após vez conteve a sua ira,
sem despertá-la totalmente.
39Lembrou-se de que eram meros mortais,
brisa passageira que não retorna.

---

[a] **78:24** Hebraico: *trigo*.

40 Quantas vezes mostraram-se rebeldes
contra ele no deserto
e o entristeceram na terra solitária!
41 Repetidas vezes puseram Deus à prova;
irritaram o Santo de Israel.
42 Não se lembravam da sua mão poderosa,
do dia em que os redimiu do opressor,
43 do dia em que mostrou
os seus prodígios no Egito,
as suas maravilhas na região de Zoã,
44 quando transformou os rios
e os riachos dos egípcios em sangue,
e eles não mais conseguiam beber das suas águas,
45 e enviou enxames de moscas
que os devoraram,
e rãs que os devastaram;
46 quando entregou as suas plantações às larvas,
a produção da terra aos gafanhotos,
47 e destruiu as suas vinhas com a saraiva
e as suas figueiras bravas, com a geada;
48 quando entregou o gado deles ao granizo,
os seus rebanhos aos raios;
49 quando os atingiu com a sua ira ardente,
com furor, indignação e hostilidade,
com muitos anjos destruidores.
50 Abriu caminho para a sua ira;
não os poupou da morte,
mas os entregou à peste.
51 Matou todos os primogênitos do Egito,
as primícias do vigor varonil
das tendas de Cam.
52 Mas tirou o seu povo como ovelhas
e o conduziu como a um rebanho pelo deserto.
53 Ele os guiou em segurança,
e não tiveram medo;
e os seus inimigos afundaram-se no mar.
54 Assim os trouxe à fronteira
da sua terra santa,
aos montes que a sua mão direita conquistou.

55Expulsou nações que lá estavam,
distribuiu-lhes as terras por herança
e deu suas tendas às tribos de Israel
para que nelas habitassem.

56Mas eles puseram Deus à prova
e foram rebeldes contra o Altíssimo;
não obedeceram aos seus testemunhos.
57Foram desleais e infiéis,
como os seus antepassados,
confiáveis como um arco defeituoso.
58Eles o irritaram com os altares idólatras;
com os seus ídolos lhe provocaram ciúmes.
59Sabendo-o Deus, enfureceu-se
e rejeitou totalmente Israel;
60abandonou o tabernáculo de Siló,
a tenda onde habitava entre os homens.
61Entregou o símbolo do seu poder ao cativeiro,
e o seu esplendor, nas mãos do adversário.
62Deixou que o seu povo fosse morto à espada,
pois enfureceu-se com a sua herança.
63O fogo consumiu os seus jovens,
e as suas moças não tiveram
canções de núpcias;
64os sacerdotes foram mortos à espada!
As viúvas já nem podiam chorar!

65Então o Senhor despertou
como que de um sono,
como um guerreiro despertado do domínio do vinho.
66Fez retroceder a golpes os seus adversários
e os entregou a permanente humilhação.
67Também rejeitou as tendas de José,
e não escolheu a tribo de Efraim;
68ao contrário, escolheu a tribo de Judá
e o monte Sião, o qual amou.
69Construiu o seu santuário como as alturas;
como a terra o firmou para sempre.
70Escolheu o seu servo Davi
e o tirou do aprisco das ovelhas,

71do pastoreio de ovelhas,
para ser o pastor de Jacó, seu povo,
de Israel, sua herança.
72E de coração íntegro Davi os pastoreou;
com mãos experientes os conduziu.

Salmo 79

Salmo da família de Asafe.

1Ó Deus, as nações invadiram a tua herança,
profanaram o teu santo templo,
reduziram Jerusalém a ruínas.
2Deram os cadáveres dos teus servos
às aves do céu por alimento,
a carne dos teus fiéis, aos animais selvagens.
3Derramaram o sangue deles como água
ao redor de Jerusalém,
e não há ninguém para sepultá-los.
4Somos objeto de zombaria
para os nossos vizinhos,
de riso e menosprezo
para os que vivem ao nosso redor.

5Até quando, Senhor?
Ficarás irado para sempre?
Arderá o teu ciúme como o fogo?
6Derrama a tua ira sobre as nações
que não te reconhecem,
sobre os reinos
que não invocam o teu nome,
7pois devoraram Jacó,
deixando em ruínas a sua terra.
8Não cobres de nós
as maldades dos nossos antepassados;
venha depressa ao nosso encontro
a tua misericórdia,
pois estamos totalmente desanimados!
9Ajuda-nos, ó Deus, nosso Salvador,
para a glória do teu nome;

livra-nos e perdoa os nossos pecados,
por amor do teu nome.
10Por que as nações haverão de dizer:
"Onde está o Deus deles?"
Diante dos nossos olhos, mostra às nações
a tua vingança pelo sangue dos teus servos.
11Cheguem à tua presença
os gemidos dos prisioneiros.
Pela força do teu braço
preserva os condenados à morte.

12Retribui sete vezes mais aos nossos vizinhos
as afrontas com que te insultaram, Senhor!
13Então nós, o teu povo,
as ovelhas das tuas pastagens,
para sempre te louvaremos;
de geração em geração
cantaremos os teus louvores.

Salmo 80

Para o mestre de música. De acordo com a melodia Os Lírios da Aliança. *Salmo da família de Asafe.*

1Escuta-nos, Pastor de Israel,
tu, que conduzes José como um rebanho;
tu, que tens o teu trono sobre os querubins,
manifesta o teu esplendor
2diante de Efraim, Benjamim e Manassés.
Desperta o teu poder, e vem salvar-nos!

3Restaura-nos, ó Deus!
Faze resplandecer sobre nós o teu rosto,[a]
para que sejamos salvos.

4Ó SENHOR, Deus dos Exércitos,
até quando arderá a tua ira
contra as orações do teu povo?
5Tu o alimentaste com pão de lágrimas
e o fizeste beber copos de lágrimas.

---

[a] **80:3** Isto é, mostra-nos a tua bondade; também nos versículos 7 e 19.

[6]Fizeste de nós um motivo de disputas
entre as nações vizinhas,
e os nossos inimigos caçoam de nós.

[7]Restaura-nos, ó Deus dos Exércitos;
faze resplandecer sobre nós o teu rosto,
para que sejamos salvos.

[8]Do Egito trouxeste uma videira;
expulsaste as nações e a plantaste.
[9]Limpaste o terreno,
ela lançou raízes e encheu a terra.
[10]Os montes foram cobertos pela sua sombra,
e os mais altos cedros, pelos seus ramos.
[11]Seus ramos se estenderam até o Mar[a],
e os seus brotos, até o Rio[b].

[12]Por que derrubaste as suas cercas,
permitindo que todos os que passam
apanhem as suas uvas?
[13]Javalis da floresta a devastam
e as criaturas do campo dela se alimentam.
[14]Volta-te para nós, ó Deus dos Exércitos!
Dos altos céus olha e vê!
Toma conta desta videira,
[15]da raiz que a tua mão direita plantou,
do filho[c] que para ti fizeste crescer!

[16]Tua videira foi derrubada;
como lixo foi consumida pelo fogo.
Pela tua repreensão perece o teu povo![d]
[17]Repouse a tua mão sobre aquele
que puseste à tua mão direita,
o filho do homem que para ti fizeste crescer.
[18]Então não nos desviaremos de ti;
vivifica-nos, e invocaremos o teu nome.
[19]Restaura-nos, ó SENHOR, Deus dos Exércitos;
faze resplandecer sobre nós o teu rosto,
para que sejamos salvos.

---

[a] **80:11** Isto é, o Mediterrâneo.
[b] **80:11** Isto é, o Eufrates.
[c] **80:15** Ou *ramo*
[d] **80:16** Ou *Pela tua repreensão faze perecer os que a derrubaram e a queimaram como lixo!*

Salmo 81

Para o mestre de música. De acordo com a melodia
Os Lagares. *Da família de Asafe.*

1Cantem de alegria a Deus, nossa força;
aclamem o Deus de Jacó!
2Comecem o louvor, façam ressoar o tamborim,
toquem a lira e a harpa melodiosa.

3Toquem a trombeta na lua nova
e no dia de lua cheia, dia da nossa festa;
4porque este é um decreto para Israel,
uma ordenança do Deus de Jacó,
5que ele estabeleceu como estatuto para José,
quando atacou o Egito.
Ali ouvimos uma língua[a] que não conhecíamos.

6Ele diz: "Tirei o peso dos seus ombros;
suas mãos ficaram livres dos cestos de cargas.
7Na sua aflição vocês clamaram e eu os livrei,
do esconderijo dos trovões lhes respondi;
eu os pus à prova nas águas de Meribá[b].

Pausa

8"Ouça, meu povo, as minhas advertências;
se tão somente você me escutasse, ó Israel!
9Não tenha deus estrangeiro no seu meio;
não se incline perante nenhum deus estranho.
10Eu sou o SENHOR, o seu Deus,
que o tirei da terra do Egito.
Abra a sua boca, e eu o alimentarei.

11"Mas o meu povo não quis ouvir-me;
Israel não quis obedecer-me.
12Por isso os entreguei
ao seu coração obstinado,
para seguirem os seus próprios planos.

13"Se o meu povo apenas me ouvisse,
se Israel seguisse os meus caminhos,

[a] **81:5** Ou *voz*
[b] **81:7** *Meribá* significa *rebelião.*

[14]com rapidez eu subjugaria os seus inimigos
e voltaria a minha mão
contra os seus adversários!
[15]Os que odeiam o SENHOR
se renderiam diante dele,
e receberiam um castigo perpétuo.
[16]Mas eu sustentaria Israel
com o melhor trigo,
e com o mel da rocha eu o satisfaria".

Salmo 82

Para o mestre de música. Salmo da família de Asafe.

[1]É Deus quem preside à assembleia divina;
no meio dos deuses, ele é o juiz.[a]

[2]"Até quando vocês vão absolver os culpados
e favorecer os ímpios?

Pausa

[3]"Garantam justiça para os fracos
e para os órfãos;
mantenham os direitos dos necessitados
e dos oprimidos.
[4]Livrem os fracos e os pobres;
libertem-nos das mãos dos ímpios.

[5]"Eles nada sabem, nada entendem.
Vagueiam pelas trevas;
todos os fundamentos da terra estão abalados.

[6]"Eu disse: Vocês são deuses,
todos vocês são filhos do Altíssimo.
[7]Mas vocês morrerão como simples homens;
cairão como qualquer outro governante."

[8]Levanta-te, ó Deus, julga a terra,
pois todas as nações te pertencem.

[a] **82:1** Ou *É Deus quem preside na suprema assembleia; no meio dos poderosos, ele é o juiz;* ou ainda *no meio dos juízes, ele é o juiz.*

Salmo 83

Uma canção. Salmo da família de Asafe.

1Ó Deus, não te emudeças;
não fiques em silêncio nem te detenhas, ó Deus.
2Vê como se agitam os teus inimigos,
como os teus adversários
te desafiam de cabeça erguida.
3Com astúcia conspiram contra o teu povo;
tramam contra aqueles
que são o teu tesouro.
4Eles dizem: "Venham,
vamos destruí-los como nação,
para que o nome de Israel
não seja mais lembrado!"

5Com um só propósito tramam juntos;
é contra ti que fazem acordo
6as tendas de Edom e os ismaelitas,
Moabe e os hagarenos,
7Gebal[a], Amom e Amaleque,
a Filístia, com os habitantes de Tiro.
8Até a Assíria aliou-se a eles,
e trouxe força aos descendentes de Ló.

Pausa

9Trata-os como trataste Midiã,
como trataste Sísera e Jabim no rio Quisom,
10os quais morreram em En-Dor
e se tornaram esterco para a terra.
11Faze com os seus nobres o que fizeste
com Orebe e Zeebe,
e com todos os seus príncipes
o que fizeste com Zeba e Zalmuna,
12que disseram:
"Vamos apossar-nos das pastagens de Deus".

13Faze-os como folhas secas
levadas no redemoinho, ó meu Deus,
como palha ao vento.

---

[a] **83:7** Isto é, Biblos.

14Assim como o fogo consome a floresta
e as chamas incendeiam os montes,
15persegue-os com o teu vendaval
e aterroriza-os com a tua tempestade.
16Cobre-lhes de vergonha o rosto
até que busquem o teu nome, SENHOR.

17Sejam eles humilhados e aterrorizados
para sempre;
pereçam em completa desgraça.
18Saibam eles que tu, cujo nome é SENHOR,
somente tu, és o Altíssimo sobre toda a terra.

Salmo 84

Para o mestre de música. De acordo com a melodia
Os Lagares. *Salmo dos coraítas.*

1Como é agradável o lugar da tua habitação,
SENHOR dos Exércitos!
2A minha alma anela, e até desfalece,
pelos átrios do SENHOR;
o meu coração e o meu corpo
cantam de alegria ao Deus vivo.

3Até o pardal achou um lar,
e a andorinha um ninho para si,
para abrigar os seus filhotes,
um lugar perto do teu altar,
ó SENHOR dos Exércitos, meu Rei e meu Deus.
4Como são felizes
os que habitam em tua casa;
louvam-te sem cessar!

Pausa

5Como são felizes os que em ti
encontram sua força,
e os que são peregrinos de coração!
6Ao passarem pelo vale de Baca[a],
fazem dele um lugar de fontes;

[a] **84:6** Ou *de lágrimas;* ou ainda *seco*

as chuvas de outono
também o enchem de cisternas[a].
7Prosseguem o caminho de força em força,
até que cada um se apresente a Deus em Sião.

8Ouve a minha oração,
ó SENHOR Deus dos Exércitos;
escuta-me, ó Deus de Jacó.

Pausa

9Olha, ó Deus, que és nosso escudo[b];
trata com bondade o teu ungido.
10Melhor é um dia nos teus átrios
do que mil noutro lugar;
prefiro ficar à porta da casa do meu Deus
a habitar nas tendas dos ímpios.
11O SENHOR Deus é sol e escudo;
o SENHOR concede favor e honra;
não recusa nenhum bem
aos que vivem com integridade.

12Ó SENHOR dos Exércitos,
como é feliz aquele que em ti confia!

Salmo 85

Para o mestre de música. Salmo dos coraítas.

1Foste favorável à tua terra, ó SENHOR;
trouxeste restauração[c] a Jacó.
2Perdoaste a culpa do teu povo
e cobriste todos os seus pecados.

Pausa

3Retiraste todo o teu furor
e te afastaste da tua ira tremenda.

4Restaura-nos mais uma vez,
ó Deus, nosso Salvador,
e desfaze o teu furor para conosco.

[a] **84:6** Ou *bênçãos*
[b] **84:9** Ou *soberano*
[c] **85:1** Ou *os cativos de volta*

5Ficarás indignado conosco para sempre?
Prolongarás a tua ira por todas as gerações?
6Acaso não nos renovarás a vida,
a fim de que o teu povo se alegre em ti?
7Mostra-nos o teu amor, ó Senhor,
e concede-nos a tua salvação!

8Eu ouvirei o que Deus, o Senhor, disse;
ele promete paz ao seu povo, aos seus fiéis!
Não voltem eles à insensatez!
9Perto está a salvação que ele trará
aos que o temem,
e a sua glória habitará em nossa terra.

10O amor e a fidelidade se encontrarão;
a justiça e a paz se beijarão.
11A fidelidade brotará da terra,
e a justiça descerá dos céus.
12O Senhor nos trará bênçãos,
e a nossa terra dará a sua colheita.
13A justiça irá adiante dele
e preparará o caminho para os seus passos.

Salmo 86

Oração davídica.

1Inclina os teus ouvidos, ó Senhor,
e responde-me,
pois sou pobre e necessitado.
2Guarda a minha vida, pois sou fiel a ti.
Tu és o meu Deus;
salva o teu servo que em ti confia!
3Misericórdia, Senhor,
pois clamo a ti sem cessar.
4Alegra o coração do teu servo,
pois a ti, Senhor, elevo a minha alma.
5Tu és bondoso e perdoador, Senhor,
rico em graça
para com todos os que te invocam.

6Escuta a minha oração, Senhor;
atenta para a minha súplica!

7No dia da minha angústia clamarei a ti,
pois tu me responderás.

8Nenhum dos deuses é comparável a ti, Senhor,
nenhum deles pode fazer o que tu fazes.

9Todas as nações que tu formaste
virão e te adorarão, Senhor,
e glorificarão o teu nome.
10Pois tu és grande
e realizas feitos maravilhosos;
só tu és Deus!

11Ensina-me o teu caminho, SENHOR,
para que eu ande na tua verdade;
dá-me um coração inteiramente fiel,
para que eu tema o teu nome.
12De todo o meu coração te louvarei,
Senhor, meu Deus;
glorificarei o teu nome para sempre.
13Pois grande é o teu amor para comigo;
tu me livraste das profundezas do Sheol[a].

14Os arrogantes estão me atacando, ó Deus;
um bando de homens cruéis,
gente que não faz caso de ti
procura tirar-me a vida.
15Mas tu, Senhor,
és Deus compassivo e misericordioso,
muito paciente, rico em amor e em fidelidade.
16Volta-te para mim! Tem misericórdia de mim!
Concede a tua força a teu servo
e salva o filho da tua serva[b].
17Dá-me um sinal da tua bondade,
para que os meus inimigos vejam
e sejam humilhados,
pois tu, SENHOR, me ajudaste e me consolaste.

---

[a] **86:13** Essa palavra pode ser traduzida por sepultura, profundezas, pó ou morte.
[b] **86:16** Ou *salva o teu filho fiel*

Salmo 87

Dos coraítas. Um salmo. Um cântico.

1O SENHOR edificou sua cidade sobre o monte santo;
2ele ama as portas de Sião
mais do que qualquer outro lugar[a] de Jacó.
3Coisas gloriosas são ditas de ti,
ó cidade de Deus!

Pausa

4"Entre os que me reconhecem
incluirei Raabe[b] e Babilônia,
além da Filístia, de Tiro,
e também da Etiópia[c],
como se tivessem nascido em Sião[d]."

5De fato, acerca de Sião se dirá:
"Todos estes nasceram em Sião,
e o próprio Altíssimo a estabelecerá".
6O SENHOR escreverá no registro dos povos:
"Este nasceu ali".

Pausa

7Com danças e cânticos, dirão:
"Em Sião estão as nossas origens[e]!"

Salmo 88

Um cântico. Salmo dos coraítas. Para o mestre de música.
Conforme mahalath leannoth[f]. *Poema do ezraíta Hemã.*

1Ó SENHOR, Deus que me salva,
a ti clamo dia e noite.
2Que a minha oração chegue diante de ti;
inclina os teus ouvidos ao meu clamor.
3Tenho sofrido tanto que a minha vida
está à beira da sepultura[g]!

---

[a] **87:2** Ou *santuário*
[b] **87:4** Isto é, o Egito.
[c] **87:4** Hebraico: *Cuxe.*
[d] **87:4** Hebraico: *este nasceu ali.*
[e] **87:7** Ou *está a nossa fonte de felicidade*
[f] Título: Possivelmente a melodia *O Sofrimento do Aflito.*
[g] **88:3** Hebraico: *Sheol.* Essa palavra também pode ser traduzida por profundezas, pó ou morte.

4Sou contado entre os que descem à cova;
sou como um homem que já não tem forças.
5Fui colocado junto aos mortos,
sou como os cadáveres que jazem no túmulo,
dos quais já não te lembras,
pois foram tirados de tua mão.

6Puseste-me na cova mais profunda,
na escuridão das profundezas.
7Tua ira pesa sobre mim;
com todas as tuas ondas me afligiste.

Pausa

8Afastaste de mim os meus melhores amigos
e me tornaste repugnante para eles.
Estou como um preso que não pode fugir;
9minhas vistas já estão fracas de tristeza.

A ti, SENHOR, clamo cada dia;
a ti ergo as minhas mãos.
10Acaso mostras as tuas maravilhas aos mortos?
Acaso os mortos se levantam
e te louvam?

Pausa

11Será que o teu amor é anunciado no túmulo,
e a tua fidelidade, no Abismo da Morte[a]?
12Acaso são conhecidas as tuas maravilhas
na região das trevas,
e os teus feitos de justiça,
na terra do esquecimento?

13Mas eu, SENHOR, a ti clamo por socorro;
já de manhã a minha oração
chega à tua presença.
14Por que, SENHOR, me rejeitas
e escondes de mim o teu rosto?

15Desde moço tenho sofrido
e ando perto da morte;
os teus terrores levaram-me ao desespero.
16Sobre mim se abateu a tua ira;
os pavores que me causas me destruíram.

[a] **88:11** Hebraico: *Abadom*.

17Cercam-me o dia todo como uma inundação;
envolvem-me por completo.
18Tiraste de mim os meus amigos
e os meus companheiros;
as trevas são a minha única companhia.

Salmo 89

Poema do ezraíta Etã.

1Cantarei para sempre o amor do SENHOR;
com minha boca anunciarei
a tua fidelidade por todas as gerações.
2Sei que firme está o teu amor para sempre,
e que firmaste nos céus a tua fidelidade.

3Tu disseste: "Fiz aliança com o meu escolhido,
jurei ao meu servo Davi:
4Estabelecerei a tua linhagem para sempre
e firmarei o teu trono
por todas as gerações".

Pausa

5Os céus louvam as tuas maravilhas, SENHOR,
e a tua fidelidade na assembleia dos santos.
6Pois, quem nos céus
poderá comparar-se ao SENHOR?
Quem dentre os seres celestiais[a]
assemelha-se ao SENHOR?
7Na assembleia dos santos Deus é temível,
mais do que todos os que o rodeiam.
8Ó SENHOR, Deus dos Exércitos,
quem é semelhante a ti?
És poderoso, SENHOR,
envolto em tua fidelidade.

9Tu dominas o revolto mar;
quando se agigantam as suas ondas,
tu as acalmas.

---

[a] **89:6** Ou *deuses*; ou ainda *poderosos*

[10]Esmagaste e mataste o Monstro dos Mares[a];
com teu braço forte
dispersaste os teus inimigos.
[11]Os céus são teus, e tua também é a terra;
fundaste o mundo e tudo o que nele existe.
[12]Tu criaste o Norte e o Sul;
o Tabor e o Hermom
cantam de alegria pelo teu nome.
[13]O teu braço é poderoso;
a tua mão é forte, exaltada é tua mão direita.

[14]A retidão e a justiça são os alicerces
do teu trono;
o amor e a fidelidade vão à tua frente.
[15]Como é feliz o povo
que aprendeu a aclamar-te, SENHOR,
e que anda na luz da tua presença!
[16]Sem cessar exultam no teu nome,
e alegram-se na tua retidão,
[17]pois tu és a nossa glória e a nossa força[b],
e pelo teu favor exaltas a nossa força[c].
[18]Sim, SENHOR, tu és o nosso escudo[d],
ó Santo de Israel, tu és o nosso rei.

[19]Numa visão falaste um dia,
e aos teus fiéis disseste:
"Cobri de forças um guerreiro,
exaltei um homem escolhido dentre o povo.
[20]Encontrei o meu servo Davi;
ungi-o com o meu óleo sagrado.
[21]A minha mão o susterá,
e o meu braço o fará forte.
[22]Nenhum inimigo o sujeitará a tributos;
nenhum injusto o oprimirá.
[23]Esmagarei diante dele os seus adversários
e destruirei os seus inimigos.

[a] **89:10** Hebraico: *Raabe.*
[b] **89:17** Hebraico: *a glória do seu poder.*
[c] **89:17** Hebraico: *chifre*; também no versículo 24.
[d] **89:18** Ou *soberano*

[24]A minha fidelidade e o meu amor
o acompanharão,
e pelo meu nome aumentará o seu poder.
[25]A sua mão dominará até o mar,
sua mão direita, até os rios.
[26]Ele me dirá: 'Tu és o meu Pai,
o meu Deus, a Rocha que me salva'.
[27]Também o nomearei meu primogênito,
o mais exaltado dos reis da terra.
[28]Manterei o meu amor por ele para sempre,
e a minha aliança com ele jamais se quebrará.
[29]Firmarei a sua linhagem para sempre,
e o seu trono durará enquanto existirem céus.

[30]"Se os seus filhos abandonarem a minha lei
e não seguirem as minhas ordenanças,
[31]se violarem os meus decretos
e deixarem de obedecer aos meus mandamentos,
[32]com a vara castigarei o seu pecado,
e a sua iniquidade com açoites;
[33]mas não afastarei dele o meu amor;
jamais desistirei da minha fidelidade.
[34]Não violarei a minha aliança
nem modificarei as promessas dos meus lábios.
[35]De uma vez para sempre jurei
pela minha santidade,
e não mentirei a Davi,
[36]que a sua linhagem permanecerá para sempre,
e o seu trono durará como o sol;
[37]será estabelecido para sempre como a lua,
a fiel testemunha no céu".

Pausa

[38]Mas tu o rejeitaste, recusaste-o
e te enfureceste com o teu ungido.
[39]Revogaste a aliança com o teu servo
e desonraste a sua coroa, lançando-a ao chão.
[40]Derrubaste todos os seus muros
e reduziste a ruínas as suas fortalezas.
[41]Todos os que passam o saqueiam;

tornou-se objeto de zombaria
para os seus vizinhos.
42 Tu exaltaste a mão direita dos seus adversários
e encheste de alegria todos os seus inimigos.
43 Tiraste o fio da sua espada
e não o apoiaste na batalha.
44 Deste fim ao seu esplendor
e atiraste ao chão o seu trono.
45 Encurtaste os dias da sua juventude;
com um manto de vergonha o cobriste.

Pausa

46 Até quando, SENHOR?
Para sempre te esconderás?
Até quando a tua ira queimará como fogo?
47 Lembra-te de como é passageira a minha vida.
Terás criado em vão todos os homens?
48 Que homem pode viver e não ver a morte,
ou livrar-se do poder da sepultura[a]?

Pausa

49 Ó Senhor, onde está o teu antigo amor,
que com fidelidade juraste a Davi?
50 Lembra-te, Senhor,
das afrontas que o teu servo tem[b] sofrido,
das zombarias que no íntimo
tenho que suportar de todos os povos,
51 das zombarias dos teus inimigos, SENHOR,
com que afrontam a cada passo o teu ungido.

52 Bendito seja o SENHOR para sempre!
Amém e amém.

---

[a] **89:48** Hebraico: *Sheol*. Essa palavra também pode ser traduzida por profundezas, pó ou morte.
[b] **89:50** Ou *teus servos têm*

QUARTO LIVRO

Salmo 90

Oração de Moisés, homem de Deus.

1 Senhor, tu és o nosso refúgio, sempre,
de geração em geração.
2 Antes de nascerem os montes
e de criares a terra e o mundo,
de eternidade a eternidade tu és Deus.

3 Fazes os homens voltarem ao pó,
dizendo: "Retornem ao pó, seres humanos!"
4 De fato, mil anos para ti
são como o dia de ontem que passou,
como as horas da noite.
5 Como uma correnteza, tu arrastas os homens;
são breves como o sono;
são como a relva que brota ao amanhecer;
6 germina e brota pela manhã,
mas, à tarde, murcha e seca.

7 Somos consumidos pela tua ira
e aterrorizados pelo teu furor.
8 Conheces as nossas iniquidades;
não escapam os nossos pecados secretos
à luz da tua presença.
9 Todos os nossos dias passam
debaixo do teu furor;
vão-se como um murmúrio.
10 Os anos de nossa vida chegam a setenta,
ou a oitenta para os que têm mais vigor;
entretanto, são anos difíceis
e cheios de sofrimento,
pois a vida passa depressa,
e nós voamos!

11 Quem conhece o poder da tua ira?
Pois o teu furor é tão grande
como o temor que te é devido.

12Ensina-nos a contar os nossos dias
para que o nosso coração alcance sabedoria.

13Volta-te, Senhor! Até quando será assim?
Tem compaixão dos teus servos!
14Satisfaze-nos pela manhã
com o teu amor leal,
e todos os nossos dias cantaremos felizes.
15Dá-nos alegria pelo tempo que nos afligiste,
pelos anos em que tanto sofremos.
16Sejam manifestos os teus feitos
aos teus servos,
e aos filhos deles o teu esplendor!

17Esteja sobre nós a bondade
do nosso Deus Soberano.
Consolida, para nós,
a obra de nossas mãos;
consolida a obra de nossas mãos!

Salmo 91

1Aquele que habita no abrigo do Altíssimo
e descansa à sombra do Todo-poderoso
2pode dizer ao[a] Senhor:
"Tu és o meu refúgio e a minha fortaleza,
o meu Deus, em quem confio".

3Ele o livrará do laço do caçador
e do veneno mortal[b].
4Ele o cobrirá com as suas penas,
e sob as suas asas você encontrará refúgio;
a fidelidade dele será o seu escudo protetor.
5Você não temerá o pavor da noite,
nem a flecha que voa de dia,
6nem a peste que se move sorrateira
nas trevas,
nem a praga que devasta ao meio-dia.

[a] **91:2** Conforme a Septuaginta. O Texto Massorético diz *Direi do.*
[b] **91:3** Ou *da praga mortal*; ou ainda *da ameaça de destruição*

7 Mil poderão cair ao seu lado,
dez mil à sua direita,
mas nada o atingirá.
8 Você simplesmente olhará,
e verá o castigo dos ímpios.

9 Se você fizer do Altíssimo o seu abrigo,
do SENHOR o seu refúgio,
10 nenhum mal o atingirá,
desgraça alguma chegará à sua tenda.
11 Porque a seus anjos ele dará ordens
a seu respeito,
para que o protejam em todos
os seus caminhos;
12 com as mãos eles o segurarão,
para que você não tropece em alguma pedra.
13 Você pisará o leão e a cobra;
pisoteará o leão forte e a serpente.

14 "Porque ele me ama, eu o resgatarei;
eu o protegerei, pois conhece o meu nome.
15 Ele clamará a mim, e eu lhe darei resposta,
e na adversidade estarei com ele;
vou livrá-lo e cobri-lo de honra.
16 Vida longa eu lhe darei,
e lhe mostrarei a minha salvação."

Salmo 92

Salmo. Um cântico. Para o dia de sábado.

1 Como é bom render graças ao SENHOR
e cantar louvores ao teu nome, ó Altíssimo,
2 anunciar de manhã o teu amor leal
e de noite a tua fidelidade,
3 ao som da lira de dez cordas e da cítara,
e da melodia da harpa.

4 Tu me alegras, SENHOR, com os teus feitos;
as obras das tuas mãos
levam-me a cantar de alegria.

5Como são grandes as tuas obras, SENHOR,
como são profundos os teus propósitos!
6O insensato não entende, o tolo não vê
7que, embora os ímpios brotem como a erva
e floresçam todos os malfeitores,
eles serão destruídos para sempre.
8Pois tu, SENHOR, és exaltado para sempre.

9Mas os teus inimigos, SENHOR,
os teus inimigos perecerão;
serão dispersos todos os malfeitores!
10Tu aumentaste a minha força[a]
como a do boi selvagem;
derramaste sobre mim óleo novo.[b]
11Os meus olhos contemplaram a derrota
dos meus inimigos;
os meus ouvidos escutaram a debandada
dos meus maldosos agressores.

12Os justos florescerão como a palmeira,
crescerão como o cedro do Líbano;
13plantados na casa do SENHOR,
florescerão nos átrios do nosso Deus.
14Mesmo na velhice darão fruto,
permanecerão viçosos e verdejantes,
15para proclamar que o SENHOR é justo.
Ele é a minha Rocha;
nele não há injustiça.

Salmo 93

1O SENHOR reina!
Vestiu-se de majestade;
de majestade vestiu-se o SENHOR
e armou-se de poder!
O mundo está firme e não se abalará.

---

[a] **92:10** Hebraico: *chifre*.
[b] **92:10** Ou *exaltaste a minha velhice com óleo novo*.

2O teu trono está firme desde a antiguidade;
tu existes desde a eternidade.
3As águas se levantaram, Senhor,
as águas levantaram a voz;
as águas levantaram seu bramido.
4Mais poderoso do que o estrondo
das águas impetuosas,
mais poderoso do que as ondas do mar
é o Senhor nas alturas.

5Os teus mandamentos
permanecem firmes e fiéis;
a santidade, Senhor,
é o ornamento perpétuo da tua casa.

Salmo 94

1Ó Senhor, Deus vingador;
Deus vingador! Intervém![a]
2Levanta-te, Juiz da terra;
retribui aos orgulhosos o que merecem.
3Até quando os ímpios, Senhor,
até quando os ímpios exultarão?

4Eles despejam palavras arrogantes;
todos esses malfeitores enchem-se de vanglória.
5Massacram o teu povo, Senhor,
e oprimem a tua herança;
6matam as viúvas e os estrangeiros,
assassinam os órfãos,
7e ainda dizem: "O Senhor não nos vê;
o Deus de Jacó nada percebe".

8Insensatos, procurem entender!
E vocês, tolos, quando se tornarão sábios?
9Será que quem fez o ouvido não ouve?
Será que quem formou o olho não vê?
10Aquele que disciplina as nações
os deixará sem castigo?

---

[a] **94:1** Hebraico: *Resplandece*!

Não tem sabedoria aquele
que dá ao homem o conhecimento?
11O SENHOR conhece
os pensamentos do homem,
e sabe como são fúteis.

12Como é feliz o homem a quem disciplinas,
Senhor,
aquele a quem ensinas a tua lei;
13tranquilo, enfrentará os dias maus,
enquanto que, para os ímpios,
uma cova se abrirá.
14O SENHOR não desamparará o seu povo;
jamais abandonará a sua herança.
15Voltará a haver justiça nos julgamentos,
e todos os retos de coração a seguirão.

16Quem se levantará a meu favor
contra os ímpios?
Quem ficará a meu lado contra os malfeitores?
17Não fosse a ajuda do SENHOR,
eu já estaria habitando no silêncio.
18Quando eu disse:
Os meus pés escorregaram,
o teu amor leal, SENHOR, me amparou!
19Quando a ansiedade
já me dominava no íntimo,
o teu consolo trouxe alívio à minha alma.
20Poderá um trono corrupto
estar em aliança contigo?,
um trono que faz injustiças em nome da lei?
21Eles planejam contra a vida dos justos
e condenam os inocentes à morte.
22Mas o SENHOR é a minha torre segura;
o meu Deus é a rocha em que encontro refúgio.
23Deus fará cair sobre eles os seus crimes,
e os destruirá por causa dos seus pecados;
o SENHOR, o nosso Deus, os destruirá!

Salmo 95

1Venham! Cantemos ao Senhor com alegria!
Aclamemos a Rocha da nossa salvação.
2Vamos à presença dele com ações de graças;
vamos aclamá-lo com cânticos de louvor.
3Pois o Senhor é o grande Deus,
o grande Rei acima de todos os deuses.
4Nas suas mãos estão as profundezas da terra,
os cumes dos montes lhe pertencem.
5Dele também é o mar, pois ele o fez;
as suas mãos formaram a terra seca.

6Venham! Adoremos prostrados
e ajoelhemos diante do Senhor,
o nosso Criador;
7pois ele é o nosso Deus,
e nós somos o povo do seu pastoreio,
o rebanho que ele conduz.

Hoje, se vocês ouvirem a sua voz,
8não endureçam o coração, como em Meribá[a],
como aquele dia em Massá[b], no deserto,
9onde os seus antepassados me tentaram,
pondo-me à prova,
apesar de terem visto o que eu fiz.
10Durante quarenta anos
fiquei irado contra aquela geração e disse:
Eles são um povo de coração ingrato;
não reconheceram os meus caminhos.
11Por isso jurei na minha ira:
Jamais entrarão no meu descanso.

Salmo 96

1Cantem ao Senhor um novo cântico;
cantem ao Senhor, todos os habitantes da terra!
2Cantem ao Senhor, bendigam o seu nome;
cada dia proclamem a sua salvação!

[a] **95:8** *Meribá* significa *rebelião*.
[b] **95:8** *Massá* significa *provação*.

3Anunciem a sua glória entre as nações,
seus feitos maravilhosos entre todos os povos!

4Porque o Senhor é grande
e digno de todo louvor,
mais temível do que todos os deuses!
5Todos os deuses das nações
não passam de ídolos,
mas o Senhor fez os céus.
6Majestade e esplendor estão diante dele,
poder e dignidade, no seu santuário.

7Deem ao Senhor, ó famílias das nações,
deem ao Senhor glória e força.
8Deem ao Senhor
a glória devida ao seu nome,
e entrem nos seus átrios trazendo ofertas.
9Adorem o Senhor
no esplendor da sua santidade;
tremam diante dele todos os habitantes da terra.

10Digam entre as nações: "O Senhor reina!"
Por isso firme está o mundo, e não se abalará,
e ele julgará os povos com justiça.
11Regozijem-se os céus e exulte a terra!
Ressoe o mar e tudo o que nele existe!
12Regozijem-se os campos
e tudo o que neles há!
Cantem de alegria todas as árvores da floresta,
13cantem diante do Senhor, porque ele vem,
vem julgar a terra;
julgará o mundo com justiça
e os povos, com a sua fidelidade!

Salmo 97

1O Senhor reina!
Exulte a terra
e alegrem-se as regiões costeiras distantes.

2Nuvens escuras e espessas o cercam;
retidão e justiça são a base do seu trono.

[3]Fogo vai adiante dele
e devora os adversários ao redor.
[4]Seus relâmpagos iluminam o mundo;
a terra os vê e estremece.
[5]Os montes se derretem como cera
diante do Senhor,
diante do Soberano de toda a terra.
[6]Os céus proclamam a sua justiça,
e todos os povos contemplam a sua glória.

[7]Ficam decepcionados
todos os que adoram imagens
e se vangloriam de ídolos.
Prostram-se diante dele todos os deuses!

[8]Sião ouve e se alegra,
e as cidades[a] de Judá exultam,
por causa das tuas sentenças, Senhor.
[9]Pois tu, Senhor,
és o Altíssimo sobre toda a terra!
És exaltado muito acima de todos os deuses!

[10]Odeiem o mal, vocês que amam o Senhor,
pois ele protege a vida dos seus fiéis
e os livra das mãos dos ímpios.
[11]A luz nasce[b] sobre o justo
e a alegria sobre os retos de coração.
[12]Alegrem-se no Senhor, justos,
e louvem o seu santo nome.

Salmo 98

Salmo.

[1]Cantem ao Senhor um novo cântico,
pois ele fez coisas maravilhosas;
a sua mão direita e o seu braço santo
lhe deram a vitória!

[a] **97:8** Hebraico: *filhas.*
[b] **97:11** Conforme a Septuaginta e algumas versões antigas. O Texto Massorético diz *A luz é semeada.*

[2]O SENHOR anunciou a sua vitória
e revelou a sua justiça às nações.
[3]Ele se lembrou do seu amor leal
e da sua fidelidade para com a casa de Israel;
todos os confins da terra viram
a vitória do nosso Deus.

[4]Aclamem o SENHOR
todos os habitantes da terra!
Louvem-no com cânticos de alegria
e ao som de música!
[5]Ofereçam música ao SENHOR com a harpa,
com a harpa e ao som de canções,
[6]com cornetas e ao som da trombeta;
exultem diante do SENHOR, o Rei!

[7]Ressoe o mar e tudo o que nele existe,
o mundo e os seus habitantes!
[8]Batam palmas os rios,
e juntos cantem de alegria os montes;
[9]cantem diante do SENHOR, porque ele vem,
vem julgar a terra;
julgará o mundo com justiça
e os povos, com retidão.

Salmo 99

[1]O SENHOR reina! As nações tremem!
O seu trono está sobre os querubins!
Abala-se a terra!
[2]Grande é o SENHOR em Sião;
ele é exaltado acima de todas as nações!
[3]Seja louvado o teu grande e temível nome,
que é santo.
[4]Rei poderoso, amigo da justiça![a]
Estabeleceste a equidade
e fizeste em Jacó o que é direito e justo.
[5]Exaltem o SENHOR, o nosso Deus,
prostrem-se diante do estrado dos seus pés.
Ele é santo!

[a] **99:4** Ou *O rei é poderoso e ama a justiça.*

[6]Moisés e Arão estavam
entre os seus sacerdotes,
Samuel, entre os que invocavam o seu nome;
eles clamavam pelo SENHOR,
e ele lhes respondia.
[7]Falava-lhes da coluna de nuvem,
e eles obedeciam aos seus mandamentos
e aos decretos que ele lhes dava.

[8]Tu lhes respondeste, SENHOR, nosso Deus;
para eles, tu eras um Deus perdoador,
embora os tenhas castigado
por suas rebeliões.
[9]Exaltem o SENHOR, o nosso Deus;
prostrem-se, voltados para o seu santo monte,
porque o SENHOR, o nosso Deus, é santo.

Salmo 100

Salmo. Para ação de graças.

[1]Aclamem o SENHOR
todos os habitantes da terra!
[2]Prestem culto ao SENHOR com alegria;
entrem na sua presença
com cânticos alegres.
[3]Reconheçam que o SENHOR é o nosso Deus.
Ele nos fez e somos dele[a]:
somos o seu povo,
e rebanho do seu pastoreio.

[4]Entrem por suas portas com ações de graças,
e em seus átrios, com louvor;
deem-lhe graças e bendigam o seu nome.
[5]Pois o SENHOR é bom
e o seu amor leal é eterno;
a sua fidelidade permanece
por todas as gerações.

---

[a] **100:3** Ou *e não nós mesmos*

Salmo 101

Salmo davídico.

1Cantarei a lealdade e a justiça.
A ti, SENHOR, cantarei louvores!
2Seguirei o caminho da integridade;
quando virás ao meu encontro?
Em minha casa viverei de coração íntegro.
3Repudiarei todo mal.

Odeio a conduta dos infiéis;
jamais me dominará!
4Longe estou dos perversos de coração;
não quero envolver-me com o mal.

5Farei calar ao que difama o próximo às ocultas.
Não vou tolerar o homem de olhos arrogantes
e de coração orgulhoso.

6Meus olhos aprovam os fiéis da terra,
e eles habitarão comigo.
Somente quem tem vida íntegra me servirá.

7Quem pratica a fraude
não habitará no meu santuário;
o mentiroso não permanecerá
na minha presença.
8Cada manhã fiz calar
todos os ímpios desta terra;
eliminei todos os malfeitores
da cidade do SENHOR.

Salmo 102

Oração de um aflito que, quase desfalecido, derrama o seu lamento diante do SENHOR.

1Ouve a minha oração, SENHOR!
Chegue a ti o meu grito de socorro!
2Não escondas de mim o teu rosto
quando estou atribulado.
Inclina para mim os teus ouvidos;
quando eu clamar, responde-me depressa!

3Esvaem-se os meus dias como fumaça;
meus ossos queimam como brasas vivas.
4Como a relva ressequida está o meu coração;
esqueço até de comer!
5De tanto gemer estou reduzido a pele e osso.
6Sou como a coruja do deserto[a],
como uma coruja entre as ruínas.
7Não consigo dormir;
pareço um pássaro solitário no telhado.
8Os meus inimigos zombam de mim
o tempo todo;
os que me insultam usam o meu nome
para lançar maldições.
9Cinzas são a minha comida,
e com lágrimas misturo o que bebo,
10por causa da tua indignação e da tua ira,
pois me rejeitaste e me expulsaste
para longe de ti.
11Meus dias são como sombras crescentes;
sou como a relva que vai murchando.

12Tu, porém, Senhor,
no trono reinarás para sempre;
o teu nome será lembrado
de geração em geração.
13Tu te levantarás e terás misericórdia de Sião,
pois é hora de lhe mostrares compaixão;
o tempo certo é chegado.
14Pois as suas pedras são amadas
pelos teus servos,
as suas ruínas os enchem de compaixão.
15Então as nações temerão o nome do Senhor,
e todos os reis da terra a sua glória.
16Porque o Senhor reconstruirá Sião
e se manifestará na glória que ele tem.
17Responderá à oração dos desamparados;
as suas súplicas não desprezará.

18Escreva-se isto para as futuras gerações,
e um povo que ainda será criado

[a] **102:6** Ou *pelicano*

louvará o SENHOR, proclamando:
19"Do seu santuário nas alturas o SENHOR olhou;
dos céus observou a terra,
20para ouvir os gemidos dos prisioneiros
e libertar os condenados à morte".
21Assim o nome do SENHOR
será anunciado em Sião
e o seu louvor, em Jerusalém,
22quando os povos e os reinos
se reunirem para adorar o SENHOR.

23No meio da minha vida
ele me abateu com sua força;
abreviou os meus dias.
24Então pedi:
Ó meu Deus, não me leves
no meio dos meus dias.
Os teus dias duram por todas as gerações!
25No princípio firmaste os fundamentos da terra,
e os céus são obras das tuas mãos.
26Eles perecerão, mas tu permanecerás;
envelhecerão como vestimentas.
Como roupas tu os trocarás
e serão jogados fora.
27Mas tu permaneces o mesmo,
e os teus dias jamais terão fim.
28Os filhos dos teus servos
terão uma habitação;
os seus descendentes serão estabelecidos
na tua presença.

Salmo 103

Davídico.

1Bendiga o SENHOR a minha alma!
Bendiga o SENHOR todo o meu ser!
2Bendiga o SENHOR a minha alma!
Não esqueça nenhuma de suas bênçãos!
3É ele que perdoa todos os seus pecados
e cura todas as suas doenças,

4que resgata a sua vida da sepultura
e o coroa de bondade e compaixão,
5que enche de bens a sua existência,
de modo que a sua juventude
se renova como a águia.
6O Senhor faz justiça
e defende a causa dos oprimidos.
7Ele manifestou os seus caminhos a Moisés,
os seus feitos aos israelitas.
8O Senhor é compassivo e misericordioso,
mui paciente e cheio de amor.
9Não acusa sem cessar
nem fica ressentido para sempre;
10não nos trata conforme os nossos pecados
nem nos retribui conforme as nossas iniquidades.
11Pois como os céus se elevam acima da terra,
assim é grande o seu amor
para com os que o temem;
12e como o Oriente está longe do Ocidente,
assim ele afasta para longe de nós
as nossas transgressões.
13Como um pai tem compaixão de seus filhos,
assim o Senhor
tem compaixão dos que o temem;
14pois ele sabe do que somos formados;
lembra-se de que somos pó.
15A vida do homem é semelhante à relva;
ele floresce como a flor do campo,
16que se vai quando sopra o vento
e nem se sabe mais o lugar que ocupava.
17Mas o amor leal do Senhor,
o seu amor eterno, está com os que o temem,
e a sua justiça com os filhos dos seus filhos,
18com os que guardam a sua aliança
e se lembram de obedecer aos seus preceitos.

19O Senhor estabeleceu o seu trono nos céus,
e como rei domina sobre tudo o que existe.
20Bendigam o Senhor,
vocês, seus anjos poderosos,

que obedecem à sua palavra.
[21]Bendigam o SENHOR todos os seus exércitos,
vocês, seus servos, que cumprem a sua vontade.
[22]Bendigam o SENHOR todas as suas obras
em todos os lugares do seu domínio.

Bendiga o SENHOR a minha alma!

Salmo 104

[1]Bendiga o SENHOR a minha alma!

Ó SENHOR, meu Deus, tu és tão grandioso!
Estás vestido de majestade e esplendor!
[2]Envolto em luz como numa veste,
ele estende os céus como uma tenda,
[3]e põe sobre as águas dos céus
as vigas dos seus aposentos.
Faz das nuvens a sua carruagem
e cavalga nas asas do vento.
[4]Faz dos ventos seus mensageiros[a]
e dos clarões reluzentes seus servos.

[5]Firmaste a terra sobre os seus fundamentos
para que jamais se abale;
[6]com as torrentes do abismo a cobriste,
como se fossem uma veste;
as águas subiram acima dos montes.
[7]Diante das tuas ameaças as águas fugiram,
puseram-se em fuga ao som do teu trovão;
[8]subiram pelos montes
e escorreram pelos vales,
para os lugares que tu lhes designaste.
[9]Estabeleceste um limite
que não podem ultrapassar;
jamais tornarão a cobrir a terra.

[10]Fazes jorrar as nascentes nos vales
e correrem as águas entre os montes;
[11]delas bebem todos os animais selvagens,
e os jumentos selvagens saciam a sua sede.

---

[a] **104:4** Ou *anjos*

12As aves do céu fazem ninho junto às águas
e entre os galhos põem-se a cantar.
13Dos teus aposentos celestes
regas os montes;
sacia-se a terra com o fruto das tuas obras!
14É o Senhor que faz crescer o pasto para o gado,
e as plantas que o homem cultiva,
para da terra tirar o alimento:
15o vinho, que alegra o coração do homem;
o azeite, que lhe faz brilhar o rosto,
e o pão que sustenta o seu vigor.
16As árvores do Senhor são bem regadas,
os cedros do Líbano que ele plantou;
17nelas os pássaros fazem ninho,
e nos pinheiros a cegonha tem o seu lar.
18Os montes elevados pertencem
aos bodes selvagens,
e os penhascos são um refúgio para os coelhos.

19Ele fez a lua para marcar estações;
o sol sabe quando deve se pôr.
20Trazes trevas, e cai a noite,
quando os animais da floresta vagueiam.
21Os leões rugem à procura da presa,
buscando de Deus o alimento,
22mas ao nascer do sol eles se vão
e voltam a deitar-se em suas tocas.
23Então o homem sai para o seu trabalho,
para o seu labor até o entardecer.

24Quantas são as tuas obras, Senhor!
Fizeste todas elas com sabedoria!
A terra está cheia de seres que criaste.
25Eis o mar, imenso e vasto.
Nele vivem inúmeras criaturas,
seres vivos, pequenos e grandes.
26Nele passam os navios,
e também o Leviatã[a],
que formaste para com ele[b] brincar.

---

[a] **104:26** Ou *monstro marinho*
[b] **104:26** Ou *para nele*

[27]Todos eles dirigem seu olhar a ti,
esperando que lhes dês o alimento no tempo certo;
[28]tu lhes dás, e eles o recolhem,
abres a tua mão, e saciam-se de coisas boas.
[29]Quando escondes o rosto,
entram em pânico;
quando lhes retiras o fôlego,
morrem e voltam ao pó.
[30]Quando sopras o teu fôlego,
eles são criados,
e renovas a face da terra.

[31]Perdure para sempre a glória do SENHOR!
Alegre-se o SENHOR em seus feitos!
[32]Ele olha para a terra, e ela treme,
toca os montes, e eles fumegam.

[33]Cantarei ao SENHOR toda a minha vida;
louvarei ao meu Deus enquanto eu viver.
[34]Seja-lhe agradável a minha meditação,
pois no SENHOR tenho alegria.
[35]Sejam os pecadores eliminados da terra
e deixem de existir os ímpios.

Bendiga o SENHOR a minha alma!

Aleluia![a]

Salmo 105

[1]Deem graças ao SENHOR,
proclamem o seu nome;
divulguem os seus feitos entre as nações.
[2]Cantem para ele e louvem-no;
relatem todas as suas maravilhas.
[3]Gloriem-se no seu santo nome;
alegre-se o coração dos
que buscam o SENHOR.
[4]Recorram ao SENHOR e ao seu poder;
busquem sempre a sua presença.

[a] **104:35** Ou *Louvem o* SENHOR; também em todo o livro de Salmos.

5 Lembrem-se das maravilhas que ele fez,
dos seus prodígios
e das sentenças de juízo que pronunciou,
6 ó descendentes de Abraão, seu servo,
ó filhos de Jacó, seus escolhidos.

7 Ele é o SENHOR, o nosso Deus;
seus decretos são para toda a terra.
8 Ele se lembra para sempre da sua aliança,
por mil gerações, da palavra que ordenou,
9 da aliança que fez com Abraão,
do juramento que fez a Isaque.
10 Ele o confirmou como decreto a Jacó,
a Israel como aliança eterna, quando disse:
11 "Darei a você a terra de Canaã,
a herança que lhe pertence".

12 Quando ainda eram poucos,
um punhado de peregrinos na terra,
13 e vagueavam de nação em nação,
de um reino a outro,
14 ele não permitiu que ninguém os oprimisse,
mas a favor deles repreendeu reis, dizendo:
15 "Não toquem nos meus ungidos;
não maltratem os meus profetas".

16 Ele mandou vir fome sobre a terra
e destruiu todo o seu sustento;
17 mas enviou um homem adiante deles,
José, que foi vendido como escravo.
18 Machucaram-lhe os pés com correntes
e com ferros prenderam-lhe o pescoço,
19 até cumprir-se a sua predição
e a palavra do SENHOR confirmar o que dissera.
20 O rei mandou soltá-lo,
o governante dos povos o libertou.
21 Ele o constituiu senhor de seu palácio
e administrador de todos os seus bens,
22 para instruir os seus oficiais como desejasse
e ensinar a sabedoria às autoridades do rei.

[23]Então Israel foi para o Egito,
Jacó viveu como estrangeiro na terra de Cam.
[24]Deus fez proliferar o seu povo,
tornou-o mais poderoso
do que os seus adversários,
[25]e mudou o coração deles
para que odiassem o seu povo,
para que tramassem contra os seus servos.
[26]Então enviou seu servo Moisés,
e Arão, a quem tinha escolhido,
[27]por meio dos quais realizou
os seus sinais milagrosos
e as suas maravilhas na terra de Cam.
[28]Ele enviou trevas, e houve trevas,
e eles não se rebelaram[a] contra as suas palavras.
[29]Ele transformou as águas deles em sangue,
causando a morte dos seus peixes.
[30]A terra deles ficou infestada de rãs,
até mesmo os aposentos reais.
[31]Ele ordenou, e enxames de moscas e piolhos[b]
invadiram o território deles.
[32]Deu-lhes granizo, em vez de chuva,
e raios flamejantes por toda a sua terra;
[33]arrasou as suas videiras e figueiras
e destruiu as árvores do seu território.
[34]Ordenou, e vieram enxames de gafanhotos,
gafanhotos inumeráveis,
[35]e devoraram toda a vegetação daquela terra,
e consumiram tudo o que a lavoura produziu.
[36]Depois matou todos os primogênitos
da terra deles,
todas as primícias da sua virilidade.

[37]Ele tirou de lá Israel,
que saiu cheio de prata e ouro.
Não havia em suas tribos quem fraquejasse.

[a] **105:28** A Septuaginta e a Versão Siríaca dizem *mas eles se rebelaram.*
[b] **105:31** Ou *mosquitos*

[38]Os egípcios alegraram-se quando eles saíram,
pois estavam com verdadeiro pavor
dos israelitas.
[39]Ele estendeu uma nuvem para lhes dar sombra,
e fogo para iluminar a noite.
[40]Pediram, e ele enviou codornizes,
e saciou-os com pão do céu.
[41]Ele fendeu a rocha, e jorrou água,
que escorreu como um rio pelo deserto.
[42]Pois ele se lembrou da santa promessa
que fizera ao seu servo Abraão.
[43]Fez o seu povo sair cheio de júbilo,
e os seus escolhidos, com cânticos alegres.
[44]Deu-lhes as terras das nações,
e eles tomaram posse
do fruto do trabalho de outros povos,
[45]para que obedecessem aos seus decretos
e guardassem as suas leis.

Aleluia!

Salmo 106

[1]Aleluia!

Deem graças ao Senhor porque ele é bom;
o seu amor dura para sempre.
[2]Quem poderá descrever
os feitos poderosos do Senhor,
ou declarar todo o louvor que lhe é devido?
[3]Como são felizes
os que perseveram na retidão,
que sempre praticam a justiça!
[4]Lembra-te de mim, Senhor,
quando tratares com bondade o teu povo;
vem em meu auxílio quando o salvares,
[5]para que eu possa testemunhar[a]
o bem-estar dos teus escolhidos,

[a] **106:5** Ou *desfrutar*

alegrar-me com a alegria do teu povo,
e louvar-te junto com a tua herança.

6Pecamos como os nossos antepassados;
fizemos o mal e fomos rebeldes.
7No Egito, os nossos antepassados
não deram atenção às tuas maravilhas;
não se lembraram das muitas manifestações
do teu amor leal
e rebelaram-se junto ao mar, o mar Vermelho.
8Contudo, ele os salvou por causa do seu nome,
para manifestar o seu poder.
9Repreendeu o mar Vermelho, e este secou;
ele os conduziu pelas profundezas
como por um deserto.
10Salvou-os das mãos daqueles que os odiavam;
das mãos dos inimigos os resgatou.
11As águas cobriram os seus adversários;
nenhum deles sobreviveu.
12Então creram nas suas promessas
e a ele cantaram louvores.

13Mas logo se esqueceram do que ele tinha feito
e não esperaram para saber o seu plano.
14Dominados pela gula no deserto,
puseram Deus à prova nas regiões áridas.
15Deu-lhes o que pediram,
mas mandou sobre eles uma doença terrível.

16No acampamento
tiveram inveja de Moisés e de Arão,
daquele que fora consagrado ao Senhor.
17A terra abriu-se, engoliu Datã
e sepultou o grupo de Abirão;
18fogo surgiu entre os seus seguidores;
as chamas consumiram os ímpios.

19Em Horebe fizeram um bezerro,
adoraram um ídolo de metal.
20Trocaram a Glória deles
pela imagem de um boi que come capim.

[21]Esqueceram-se de Deus, seu Salvador,
que fizera coisas grandiosas no Egito,
[22]maravilhas na terra de Cam
e feitos temíveis junto ao mar Vermelho.
[23]Por isso, ele ameaçou destruí-los;
mas Moisés, seu escolhido,
intercedeu[a] diante dele,
para evitar que a sua ira os destruísse.

[24]Também rejeitaram a terra desejável;
não creram na promessa dele.
[25]Queixaram-se em suas tendas
e não obedeceram ao Senhor.
[26]Assim, de mão levantada,
ele jurou que os abateria no deserto
[27]e dispersaria os seus descendentes
entre as nações e os espalharia por outras terras.

[28]Sujeitaram-se ao jugo de Baal-Peor
e comeram sacrifícios oferecidos
a ídolos mortos;
[29]provocaram a ira do Senhor
com os seus atos,
e uma praga irrompeu no meio deles.
[30]Mas Fineias se interpôs para executar o juízo,
e a praga foi interrompida.
[31]Isso lhe foi creditado como um ato de justiça
que para sempre será lembrado,
por todas as gerações.

[32]Provocaram a ira de Deus
junto às águas de Meribá;
e, por causa deles, Moisés foi castigado;
[33]rebelaram-se contra o Espírito de Deus,
e Moisés[b] falou sem refletir.

[34]Eles não destruíram os povos,
como o Senhor tinha ordenado,
[35]em vez disso, misturaram-se com as nações
e imitaram as suas práticas.

---

[a] **106:23** Hebraico: *colocou-se na brecha.*
[b] **106:33** Ou *tanto irritaram-lhe o espírito que Moisés*

36Prestaram culto aos seus ídolos,
que se tornaram uma armadilha para eles.
37Sacrificaram seus filhos e suas filhas
aos demônios.
38Derramaram sangue inocente,
o sangue de seus filhos e filhas
sacrificados aos ídolos de Canaã;
e a terra foi profanada pelo sangue deles.
39Tornaram-se impuros pelos seus atos;
prostituíram-se por suas ações.

40Por isso acendeu-se a ira do Senhor
contra o seu povo
e ele sentiu aversão por sua herança.
41Entregou-os nas mãos das nações,
e os seus adversários dominaram sobre eles.
42Os seus inimigos os oprimiram
e os subjugaram com o seu poder.
43Ele os libertou muitas vezes,
embora eles persistissem
em seus planos de rebelião
e afundassem em sua maldade.

44Mas Deus atentou para o sofrimento deles
quando ouviu o seu clamor.
45Lembrou-se da sua aliança com eles,
e arrependeu-se,
por causa do seu imenso amor leal.
46Fez com que os seus captores
tivessem misericórdia deles.

47Salva-nos, Senhor, nosso Deus!
Ajunta-nos dentre as nações,
para que demos graças ao teu santo nome
e façamos do teu louvor a nossa glória.

48Bendito seja o Senhor, o Deus de Israel,
por toda a eternidade.
Que todo o povo diga: "Amém!"

Aleluia!

QUINTO LIVRO

Salmo 107

1Deem graças ao Senhor porque ele é bom;
o seu amor dura para sempre.
2Assim o digam os que o Senhor resgatou,
os que livrou das mãos do adversário,
3e reuniu de outras terras,
do oriente e do ocidente, do norte e do sul[a].

4Perambularam pelo deserto e por terras áridas
sem encontrar cidade habitada.
5Estavam famintos e sedentos;
sua vida ia se esvaindo.
6Na sua aflição, clamaram ao Senhor,
e ele os livrou da tribulação
em que se encontravam
7e os conduziu por caminho seguro
a uma cidade habitada.
8Que eles deem graças ao Senhor
por seu amor leal e por suas maravilhas
em favor dos homens,
9porque ele sacia o sedento
e satisfaz plenamente o faminto.

10Assentaram-se nas trevas e na sombra mortal,
aflitos, acorrentados,
11pois se rebelaram contra as palavras de Deus
e desprezaram os desígnios do Altíssimo.
12Por isso ele os sujeitou a trabalhos pesados;
eles tropeçaram,
e não houve quem os ajudasse.
13Na sua aflição, clamaram ao Senhor,
e ele os salvou da tribulação
em que se encontravam.
14Ele os tirou das trevas e da sombra mortal,
e quebrou as correntes que os prendiam.

---

[a] **107:3** Hebraico: *mar*.

15 Que eles deem graças ao SENHOR,
por seu amor leal e por suas maravilhas
em favor dos homens,
16 porque despedaçou as portas de bronze
e rompeu as trancas de ferro.

17 Tornaram-se tolos por causa
dos seus caminhos rebeldes,
e sofreram por causa das suas maldades.
18 Sentiram repugnância por toda comida
e chegaram perto das portas da morte.
19 Na sua aflição, clamaram ao SENHOR,
e ele os salvou da tribulação
em que se encontravam.
20 Ele enviou a sua palavra e os curou,
e os livrou da morte.
21 Que eles deem graças ao SENHOR,
por seu amor leal e por suas maravilhas
em favor dos homens.
22 Que eles ofereçam
sacrifícios de ação de graças
e anunciem as suas obras
com cânticos de alegria.

23 Fizeram-se ao mar em navios,
para negócios na imensidão das águas,
24 e viram as obras do SENHOR,
as suas maravilhas nas profundezas.
25 Deus falou e provocou um vendaval
que levantava as ondas.
26 Subiam aos céus e desciam aos abismos;
diante de tal perigo, perderam a coragem.
27 Cambaleavam, tontos como bêbados,
e toda a sua habilidade foi inútil.
28 Na sua aflição, clamaram ao SENHOR,
e ele os tirou da tribulação
em que se encontravam.
29 Reduziu a tempestade a uma brisa
e serenou as ondas.
30 As ondas sossegaram, eles se alegraram,
e Deus os guiou ao porto almejado.

31Que eles deem graças ao Senhor
por seu amor leal e por suas maravilhas
em favor dos homens.
32Que o exaltem na assembleia do povo
e o louvem na reunião dos líderes.

33Ele transforma os rios em deserto
e as fontes em terra seca,
34faz da terra fértil um solo estéril,
por causa da maldade dos seus moradores.
35Transforma o deserto em açudes
e a terra ressecada, em fontes.
36Ali ele assenta os famintos,
para fundarem uma cidade habitável,
37semearem lavouras, plantarem vinhas
e colherem uma grande safra.
38Ele os abençoa, e eles se multiplicam;
e não deixa que os seus rebanhos diminuam.

39Quando, porém, reduzidos,
são humilhados com opressão,
desgraça e tristeza.
40Deus derrama desprezo sobre os nobres
e os faz vagar num deserto sem caminhos.
41Mas tira os pobres da miséria
e aumenta as suas famílias como rebanhos.
42Os justos veem tudo isso e se alegram,
mas todos os perversos se calam.

43Reflitam nisso os sábios
e considerem a bondade do Senhor.

Salmo 108

Uma canção. Salmo davídico.

1Meu coração está firme, ó Deus!
Cantarei e louvarei, ó Glória minha!
2Acordem, harpa e lira!
Despertarei a alvorada.
3Eu te darei graças, ó Senhor, entre os povos;
cantarei louvores entre as nações,

[4]porque o teu amor leal
se eleva muito acima dos céus;
a tua fidelidade alcança as nuvens!
[5]Sê exaltado, ó Deus, acima dos céus;
estenda-se a tua glória sobre toda a terra!

[6]Salva-nos com a tua mão direita
e responde-nos,
para que sejam libertos aqueles a quem amas.
[7]Do seu santuário[a] Deus falou:
"No meu triunfo dividirei Siquém
e repartirei o vale de Sucote.
[8]Gileade me pertence, e Manassés também;
Efraim é o meu capacete, Judá é o meu cetro.
[9]Moabe é a pia em que me lavo,
em Edom atiro a minha sandália,
sobre a Filístia dou meu brado de vitória!"

[10]Quem me levará à cidade fortificada?
Quem me guiará a Edom?
[11]Não foste tu, ó Deus, que nos rejeitaste
e deixaste de sair com os nossos exércitos?
[12]Dá-nos ajuda contra os adversários,
pois inútil é o socorro do homem.
[13]Com Deus conquistaremos a vitória,
e ele pisará os nossos adversários.

Salmo 109

Para o mestre de música. Salmo davídico.

[1]Ó Deus, a quem louvo, não fiques indiferente,
[2]pois homens ímpios e falsos
dizem calúnias contra mim,
e falam mentiras a meu respeito.
[3]Eles me cercaram com palavras
carregadas de ódio;
atacaram-me sem motivo.
[4]Em troca da minha amizade eles me acusam,
mas eu permaneço em oração.

---

[a] **108:7** Ou *Na sua santidade*

5Retribuem-me o bem com o mal,
e a minha amizade com ódio.

6Designe-se[a] um ímpio[b] para ser seu oponente;
à sua direita esteja um acusador[c].
7Seja declarado culpado no julgamento,
e que até a sua oração seja considerada pecado.
8Seja a sua vida curta,
e outro ocupe o seu lugar.
9Fiquem órfãos os seus filhos
e a sua esposa, viúva.
10Vivam os seus filhos vagando como mendigos,
e saiam rebuscando o pão
  longe de[d] suas casas em ruínas.
11Que um credor se aposse
  de todos os seus bens,
e estranhos saqueiem o fruto do seu trabalho.
12Que ninguém o trate com bondade
nem tenha misericórdia dos seus filhos órfãos.
13Sejam exterminados os seus descendentes
e desapareçam os seus nomes
  na geração seguinte.
14Que o SENHOR se lembre
  da iniquidade dos seus antepassados,
e não se apague o pecado de sua mãe.
15Estejam os seus pecados sempre
  perante o SENHOR,
e na terra ninguém jamais se lembre
  da sua família.

16Pois ele jamais pensou em praticar
  um ato de bondade,
mas perseguiu até a morte o pobre,
  o necessitado e o de coração partido.
17Ele gostava de amaldiçoar:
  venha sobre ele a maldição!
Não tinha prazer em abençoar:
  afaste-se dele a bênção!

---

[a] **109:6** Ou *Eles dizem: "Designa*
[b] **109:6** Ou *o maligno*
[c] **109:6** Ou *Satanás*
[d] **109:10** A Septuaginta diz *e sejam expulsos de.*

18Ele vestia a maldição como uma roupa:
entre ela em seu corpo como água
e em seus ossos como óleo.
19Envolva-o como um manto
e aperte-o sempre como um cinto.
20Assim retribua o SENHOR
aos meus acusadores,
aos que me caluniam.

21Mas tu, Soberano SENHOR,
intervém em meu favor, por causa do teu nome.
Livra-me, pois é sublime o teu amor leal!
22Sou pobre e necessitado
e, no íntimo, o meu coração está abatido.
23Vou definhando como a sombra vespertina;
para longe sou lançado, como um gafanhoto.
24De tanto jejuar os meus joelhos fraquejam
e o meu corpo definha de magreza.
25Sou objeto de zombaria
para os meus acusadores;
logo que me veem, meneiam a cabeça.

26Socorro, SENHOR, meu Deus!
Salva-me pelo teu amor leal!
27Que eles reconheçam que foi a tua mão,
que foste tu, SENHOR, que o fizeste.
28Eles podem amaldiçoar,
tu, porém, me abençoas.
Quando atacarem, serão humilhados,
mas o teu servo se alegrará.
29Sejam os meus acusadores
vestidos de desonra;
que a vergonha os cubra como um manto.

30Em alta voz, darei muitas graças ao SENHOR;
no meio da assembleia eu o louvarei,
31pois ele se põe ao lado do pobre
para salvá-lo daqueles que o condenam.

Salmo 110

Salmo davídico.

1O SENHOR disse ao meu Senhor:
"Senta-te à minha direita
até que eu faça dos teus inimigos
um estrado para os teus pés".

2O SENHOR estenderá
o cetro de teu poder desde Sião,
e dominarás sobre os teus inimigos!
3Quando convocares as tuas tropas,
o teu povo se apresentará voluntariamente.[a]
Trajando vestes santas,[b]
desde o romper da alvorada
os teus jovens virão como o orvalho.[c]

4O SENHOR jurou e não se arrependerá:
"Tu és sacerdote para sempre,
segundo a ordem de Melquisedeque".

5O Senhor está à tua direita;
ele esmagará reis no dia da sua ira.
6Julgará as nações, amontoando os mortos
e esmagando governantes[d]
em toda a extensão da terra.
7No caminho beberá de um ribeiro,
e então erguerá a cabeça.

Salmo 111[e]

1Aleluia!

Darei graças ao SENHOR de todo o coração
na reunião da congregação dos justos.

2Grandes são as obras do SENHOR;
nelas meditam todos os que as apreciam.

---

a **110:3** A Septuaginta diz *contigo está o principado.*
b **110:3** Vários manuscritos do Texto Massorético e outras versões antigas dizem *Dos santos montes.*
c **110:3** A Septuaginta, a Versão Siríaca e vários manuscritos do Texto Massorético dizem *antes da aurora eu o gerei.*
d **110:6** Ou *cabeças*
e O salmo 111 é um poema organizado em ordem alfabética, no hebraico.

[3]Os seus feitos manifestam
majestade e esplendor,
e a sua justiça dura para sempre.
[4]Ele fez proclamar as suas maravilhas;
o SENHOR é misericordioso e compassivo.
[5]Deu alimento aos que o temiam,
pois sempre se lembra de sua aliança.
[6]Mostrou ao seu povo os seus feitos poderosos,
dando-lhe as terras das nações.
[7]As obras das suas mãos são fiéis e justas;
todos os seus preceitos merecem confiança.
[8]Estão firmes para sempre,
estabelecidos com fidelidade e retidão.
[9]Ele trouxe redenção ao seu povo
e firmou a sua aliança para sempre.
Santo e temível é o seu nome!

[10]O temor do SENHOR
é o princípio da sabedoria;
todos os que cumprem os seus preceitos
revelam bom senso.

Ele será louvado para sempre!

Salmo 112[a]

[1]Aleluia!

Como é feliz o homem que teme o SENHOR
e tem grande prazer em seus mandamentos!
[2]Seus descendentes serão poderosos na terra,
serão uma geração abençoada,
de homens íntegros.
[3]Grande riqueza há em sua casa,
e a sua justiça dura para sempre.
[4]A luz raia nas trevas para o íntegro,
para quem é misericordioso[b],
compassivo e justo.

[a] O salmo 112 é um poema organizado em ordem alfabética, no hebraico.
[b] **112:4** Ou *pois o Senhor é misericordioso*

[5]Feliz é o homem
que empresta com generosidade
e que com honestidade conduz os seus negócios.
[6]O justo jamais será abalado;
para sempre se lembrarão dele.
[7]Não temerá más notícias;
seu coração está firme, confiante no SENHOR.
[8]O seu coração está seguro e nada temerá.
No final, verá a derrota dos seus adversários.
[9]Reparte generosamente com os pobres;
a sua justiça dura para sempre;
seu poder[a] será exaltado em honra.

[10]O ímpio o vê e fica irado,
range os dentes e definha.
O desejo dos ímpios se frustrará.

Salmo 113

[1]Aleluia!

Louvem, ó servos do SENHOR,
louvem o nome do SENHOR!
[2]Seja bendito o nome do SENHOR,
desde agora e para sempre!
[3]Do nascente ao poente,
seja louvado o nome do SENHOR!

[4]O SENHOR está exaltado
acima de todas as nações;
e acima dos céus está a sua glória.
[5]Quem é como o SENHOR, o nosso Deus,
que reina em seu trono nas alturas,
[6]mas se inclina para contemplar
o que acontece nos céus e na terra?

[7]Ele levanta do pó o necessitado
e ergue do lixo o pobre,
[8]para fazê-los sentar-se com príncipes,
com os príncipes do seu povo.

---

[a] **112:9** Hebraico: *chifre*.

[9]Dá um lar à estéril,
e dela faz uma feliz mãe de filhos.

Aleluia!

Salmo 114

[1]Quando Israel saiu do Egito,
e a casa de Jacó saiu do meio
de um povo de língua estrangeira,
[2]Judá tornou-se o santuário de Deus,
Israel o seu domínio.

[3]O mar olhou e fugiu,
o Jordão retrocedeu;
[4]os montes saltaram como carneiros,
as colinas, como cordeiros.

[5]Por que fugir, ó mar?
E você, Jordão, por que retroceder?
[6]Por que vocês saltaram como carneiros,
ó montes?
E vocês, colinas, porque saltaram
como cordeiros?

[7]Estremeça na presença do Soberano, ó terra,
na presença do Deus de Jacó!
[8]Ele fez da rocha um açude,
do rochedo uma fonte.

Salmo 115

[1]Não a nós, Senhor, nenhuma glória para nós,
mas sim ao teu nome,
por teu amor e por tua fidelidade!

[2]Por que perguntam as nações:
"Onde está o Deus deles?"
[3]O nosso Deus está nos céus,
e pode fazer tudo o que lhe agrada.
[4]Os ídolos deles, de prata e ouro,
são feitos por mãos humanas.

5 Têm boca, mas não podem falar,
olhos, mas não podem ver;
6 têm ouvidos, mas não podem ouvir,
nariz, mas não podem sentir cheiro;
7 têm mãos, mas nada podem apalpar,
pés, mas não podem andar;
e não emitem som algum com a garganta.
8 Tornem-se como eles aqueles que os fazem
e todos os que neles confiam.

9 Confie no Senhor, ó Israel!
Ele é o seu socorro e o seu escudo.
10 Confiem no Senhor, sacerdotes!
Ele é o seu socorro e o seu escudo.
11 Vocês que temem o Senhor,
confiem no Senhor!
Ele é o seu socorro e o seu escudo.

12 O Senhor lembra-se de nós e nos abençoará;
abençoará os israelitas,
abençoará os sacerdotes,
13 abençoará os que temem o Senhor,
do menor ao maior.
14 Que o Senhor os multiplique,
vocês e os seus filhos.
15 Sejam vocês abençoados pelo Senhor,
que fez os céus e a terra.

16 Os mais altos céus pertencem ao Senhor,
mas a terra ele a confiou ao homem.
17 Os mortos não louvam o Senhor,
tampouco nenhum dos que descem ao silêncio.
18 Mas nós bendiremos o Senhor,
desde agora e para sempre!

Aleluia!

Salmo 116

1 Eu amo o Senhor, porque ele me ouviu
quando lhe fiz a minha súplica.

[2]Ele inclinou os seus ouvidos para mim;
eu o invocarei toda a minha vida.

[3]As cordas da morte me envolveram,
as angústias do Sheol[a] vieram sobre mim;
aflição e tristeza me dominaram.
[4]Então clamei pelo nome do SENHOR:
Livra-me, SENHOR!

[5]O SENHOR é misericordioso e justo;
o nosso Deus é compassivo.
[6]O SENHOR protege os simples;
quando eu já estava sem forças, ele me salvou.

[7]Retorne ao seu descanso, ó minha alma,
porque o SENHOR tem sido bom para você!

[8]Pois tu me livraste da morte,
e livraste os meus olhos das lágrimas
e os meus pés, de tropeçar,
[9]para que eu pudesse andar diante do SENHOR
na terra dos viventes.
[10]Eu cri, ainda que tenha dito:[b]
Estou muito aflito.
[11]Em pânico eu disse:
Ninguém merece confiança.

[12]Como posso retribuir ao SENHOR
toda a sua bondade para comigo?
[13]Erguerei o cálice da salvação
e invocarei o nome do SENHOR.
[14]Cumprirei para com o SENHOR
os meus votos,
na presença de todo o seu povo.

[15]O SENHOR vê com pesar
a morte de seus fiéis.[c]
[16]SENHOR, sou teu servo,
Sim, sou teu servo, filho da tua serva;
livraste-me das minhas correntes.

---

[a] **116:3** Essa palavra pode ser traduzida por sepultura, profundezas, pó ou morte.
[b] **116:10** Ou *Eu cri, por isso falei:*
[c] **116:15** Ou *Para o Senhor é preciosa a morte dos seus fiéis.*

[17]Oferecerei a ti um sacrifício de gratidão
e invocarei o nome do SENHOR.
[18]Cumprirei para com o SENHOR
os meus votos,
na presença de todo o seu povo,
[19]nos pátios da casa do SENHOR,
no seu interior, ó Jerusalém!

Aleluia!

Salmo 117

[1]Louvem o SENHOR, todas as nações;
exaltem-no, todos os povos!
[2]Porque imenso é o seu amor leal por nós,
e a fidelidade do SENHOR dura para sempre.

Aleluia!

Salmo 118

[1]Deem graças ao SENHOR porque ele é bom;
o seu amor dura para sempre.

[2]Que Israel diga:
"O seu amor dura para sempre!"
[3]Os sacerdotes digam:
"O seu amor dura para sempre!"
[4]Os que temem o SENHOR digam:
"O seu amor dura para sempre!"

[5]Na minha angústia clamei ao SENHOR;
e o SENHOR me respondeu,
dando-me ampla liberdade[a].
[6]O SENHOR está comigo, não temerei.
O que me podem fazer os homens?
[7]O SENHOR está comigo;
ele é o meu ajudador.
Verei a derrota dos meus inimigos.

---

[a] **118:5** Hebraico: *pondo-me num lugar espaçoso.*

[8]É melhor buscar refúgio no Senhor
do que confiar nos homens.
[9]É melhor buscar refúgio no Senhor
do que confiar em príncipes.

[10]Todas as nações me cercaram,
mas em nome do Senhor eu as derrotei.
[11]Cercaram-me por todos os lados,
mas em nome do Senhor eu as derrotei.
[12]Cercaram-me como um enxame de abelhas,
mas logo se extinguiram
como espinheiros em chamas.
Em nome do Senhor eu as derrotei!

[13]Empurraram-me para forçar a minha queda,
mas o Senhor me ajudou.
[14]O Senhor é a minha força e o meu cântico;
ele é a minha salvação.

[15]Alegres brados de vitória
ressoam nas tendas dos justos:
"A mão direita do Senhor age com poder!
[16]A mão direita do Senhor é exaltada!
A mão direita do Senhor age com poder!"

[17]Não morrerei; mas vivo ficarei
para anunciar os feitos do Senhor.
[18]O Senhor me castigou com severidade,
mas não me entregou à morte.

[19]Abram as portas da justiça para mim,
pois quero entrar para dar graças ao Senhor.
[20]Esta é a porta do Senhor,
pela qual entram os justos.
[21]Dou-te graças, porque me respondeste
e foste a minha salvação.

[22]A pedra que os construtores rejeitaram
tornou-se a pedra angular.
[23]Isso vem do Senhor,
e é algo maravilhoso para nós.
[24]Este é o dia em que o Senhor agiu;
alegremo-nos e exultemos neste dia.

[25]Salva-nos, SENHOR! Nós imploramos.
Faze-nos prosperar, SENHOR! Nós suplicamos.
[26]Bendito é o que vem em nome do SENHOR.
Da casa do SENHOR nós os abençoamos.
[27]O SENHOR é Deus,
e ele fez resplandecer sobre nós a sua luz.[a]
Juntem-se ao cortejo festivo,
levando ramos até as pontas[b] do altar.

[28]Tu és o meu Deus; graças te darei!
Ó meu Deus, eu te exaltarei!

[29]Deem graças ao SENHOR, porque ele é bom;
o seu amor dura para sempre.

Salmo 119[c]

Álef

[1]Como são felizes os que andam
em caminhos irrepreensíveis,
que vivem conforme a lei do SENHOR!
[2]Como são felizes os que obedecem
aos seus estatutos
e de todo o coração o buscam!
[3]Não praticam o mal
e andam nos caminhos do SENHOR.
[4]Tu mesmo ordenaste os teus preceitos
para que sejam fielmente obedecidos.
[5]Quem dera fossem firmados os meus caminhos
na obediência aos teus decretos.
[6]Então não ficaria decepcionado
ao considerar todos os teus mandamentos.
[7]Eu te louvarei de coração sincero
quando aprender as tuas justas ordenanças.
[8]Obedecerei aos teus decretos;
nunca me abandones.

---

[a] **118:27** Ou *mostrou sua bondade para conosco.*
[b] **118:27** Ou *Amarrem o sacrifício da festa com cordas e levem-no até as pontas*
[c] O salmo 119 é um poema organizado em ordem alfabética, no hebraico.

Bêt

9 Como pode o jovem
manter pura a sua conduta?
Vivendo de acordo com a tua palavra.
10 Eu te busco de todo o coração;
não permitas que eu me desvie
dos teus mandamentos.
11 Guardei no coração a tua palavra
para não pecar contra ti.
12 Bendito sejas, Senhor!
Ensina-me os teus decretos.
13 Com os lábios repito
todas as leis que promulgaste.
14 Regozijo-me em seguir os teus testemunhos
como o que se regozija com grandes riquezas.
15 Meditarei nos teus preceitos
e darei atenção às tuas veredas.
16 Tenho prazer nos teus decretos;
não me esqueço da tua palavra.

Guímel

17 Trata com bondade o teu servo
para que eu viva e obedeça à tua palavra.
18 Abre os meus olhos
para que eu veja as maravilhas da tua lei.
19 Sou peregrino na terra;
não escondas de mim os teus
mandamentos.
20 A minha alma consome-se de perene desejo
das tuas ordenanças.
21 Tu repreendes os arrogantes;
malditos os que se desviam
dos teus mandamentos!
22 Tira de mim a afronta e o desprezo,
pois obedeço aos teus estatutos.
23 Mesmo que os poderosos se reúnam
para conspirar contra mim,
ainda assim o teu servo meditará
nos teus decretos.

[24]Sim, os teus testemunhos são o meu prazer;
eles são os meus conselheiros.

Dálet

[25]Agora estou prostrado no pó;
preserva a minha vida
conforme a tua promessa.
[26]A ti relatei os meus caminhos
e tu me respondeste;
ensina-me os teus decretos.
[27]Faze-me discernir o propósito
dos teus preceitos;
então meditarei nas tuas maravilhas.
[28]A minha alma se consome de tristeza;
fortalece-me conforme a tua promessa.
[29]Desvia-me dos caminhos enganosos;
por tua graça, ensina-me a tua lei.
[30]Escolhi o caminho da fidelidade;
decidi seguir as tuas ordenanças.
[31]Apego-me aos teus testemunhos,
ó SENHOR;
não permitas que eu fique decepcionado.
[32]Corro pelo caminho
que os teus mandamentos apontam,
pois me deste maior entendimento.

He

[33]Ensina-me, SENHOR,
o caminho dos teus decretos,
e a eles obedecerei até o fim.
[34]Dá-me entendimento,
para que eu guarde a tua lei
e a ela obedeça de todo o coração.
[35]Dirige-me pelo caminho
dos teus mandamentos,
pois nele encontro satisfação.
[36]Inclina o meu coração para os teus estatutos,
e não para a ganância.

[37]Desvia os meus olhos das coisas inúteis;
faze-me viver nos caminhos que traçaste.[a]
[38]Cumpre a tua promessa
para com o teu servo,
para que sejas temido.
[39]Livra-me da afronta que me apavora,
pois as tuas ordenanças são boas.
[40]Como anseio pelos teus preceitos!
Preserva a minha vida por tua justiça!

Vav

[41]Que o teu amor alcance-me, SENHOR,
e a tua salvação, segundo a tua promessa;
[42]então responderei aos que me afrontam,
pois confio na tua palavra.
[43]Jamais tires da minha boca
a palavra da verdade,
pois nas tuas ordenanças
coloquei a minha esperança.
[44]Obedecerei constantemente à tua lei,
para todo o sempre.
[45]Andarei em verdadeira liberdade,
pois tenho buscado os teus preceitos.
[46]Falarei dos teus testemunhos diante de reis,
sem ficar envergonhado.
[47]Tenho prazer nos teus mandamentos;
eu os amo.
[48]A ti[b] levanto minhas mãos
e medito nos teus decretos.

Zain

[49]Lembra-te da tua palavra ao teu servo,
pela qual me deste esperança.
[50]Este é o meu consolo no meu sofrimento:
A tua promessa dá-me vida.
[51]Os arrogantes zombam de mim
o tempo todo,
mas eu não me desvio da tua lei.

---

[a] **119:37** Dois manuscritos do Texto Massorético e os manuscritos do mar Morto dizem *preserva a minha vida pela tua palavra.*

[b] **119:48** Ou *Aos teus mandamentos*

[52]Lembro-me, Senhor,
das tuas ordenanças do passado
e nelas acho consolo.
[53]Fui tomado de ira tremenda
por causa dos ímpios
que rejeitaram a tua lei.
[54]Os teus decretos são o tema
da minha canção em minha peregrinação.
[55]De noite lembro-me do teu nome, Senhor!
Vou obedecer à tua lei.
[56]Esta tem sido a minha prática:
Obedecer aos teus preceitos.

Hêt

[57]Tu és a minha herança, Senhor;
prometi obedecer às tuas palavras.
[58]De todo o coração suplico a tua graça;
tem misericórdia de mim,
conforme a tua promessa.
[59]Refleti em meus caminhos
e voltei os meus passos
para os teus testemunhos.
[60]Eu me apressarei e não hesitarei
em obedecer aos teus mandamentos.
[61]Embora as cordas dos ímpios
queiram prender-me,
eu não me esqueço da tua lei.
[62]À meia-noite me levanto para dar-te graças
pelas tuas justas ordenanças.
[63]Sou amigo de todos os que te temem
e obedecem aos teus preceitos.
[64]A terra está cheia do teu amor, Senhor;
ensina-me os teus decretos.

Tét

[65]Trata com bondade o teu servo, Senhor,
conforme a tua promessa.
[66]Ensina-me o bom senso e o conhecimento,
pois confio em teus mandamentos.
[67]Antes de ser castigado, eu andava desviado,
mas agora obedeço à tua palavra.

68Tu és bom, e o que fazes é bom;
ensina-me os teus decretos.
69Os arrogantes mancharam o meu nome
   com mentiras,
mas eu obedeço aos teus preceitos
   de todo o coração.
70O coração deles é insensível,
   eu, porém, tenho prazer na tua lei.
71Foi bom para mim ter sido castigado,
   para que aprendesse os teus decretos.
72Para mim vale mais a lei que decretaste
   do que milhares de peças de prata e ouro.

Iode

73As tuas mãos me fizeram e me formaram;
dá-me entendimento para aprender
   os teus mandamentos.
74Quando os que têm temor de ti me virem,
   se alegrarão,
pois na tua palavra
   coloquei a minha esperança.
75Sei, SENHOR, que as tuas ordenanças
   são justas,
e que por tua fidelidade me castigaste.
76Seja o teu amor o meu consolo,
conforme a tua promessa ao teu servo.
77Alcance-me a tua misericórdia
   para que eu tenha vida,
porque a tua lei é o meu prazer.
78Sejam humilhados os arrogantes,
pois prejudicaram-me sem motivo;
mas eu meditarei nos teus preceitos.
79Venham apoiar-me aqueles que te temem,
aqueles que entendem os teus estatutos.
80Seja o meu coração íntegro
   para com os teus decretos,
para que eu não seja humilhado.

Caf

81Estou quase desfalecido,
aguardando a tua salvação,
mas na tua palavra coloquei a minha esperança.
82Os meus olhos fraquejam
de tanto esperar pela tua promessa,
e pergunto: Quando me consolarás?
83Embora eu seja como uma vasilha inútil[a],
não me esqueço dos teus decretos.
84Até quando o teu servo deverá esperar
para que castigues os meus perseguidores?
85Cavaram uma armadilha contra mim
os arrogantes,
os que não seguem a tua lei.
86Todos os teus mandamentos
merecem confiança;
ajuda-me, pois sou perseguido com mentiras.
87Quase acabaram com a minha vida
na terra,
mas não abandonei os teus preceitos.
88Preserva a minha vida pelo teu amor,
e obedecerei aos estatutos que decretaste.

Lâmed

89A tua palavra, Senhor,
para sempre está firmada nos céus.
90A tua fidelidade é constante
por todas as gerações;
estabeleceste a terra, que firme subsiste.
91Conforme as tuas ordens,
tudo permanece até hoje[b],
pois tudo está a teu serviço.
92Se a tua lei não fosse o meu prazer,
o sofrimento já me teria destruído.
93Jamais me esquecerei dos teus preceitos,
pois é por meio deles
que preservas a minha vida.
94Salva-me, pois a ti pertenço
e busco os teus preceitos!

---

a **119:83** Hebraico: *um odre na fumaça.*
b **119:91** Ou *as tuas leis permanecem até hoje*

95Os ímpios estão à espera para destruir-me,
mas eu considero os teus testemunhos.
96Tenho constatado
que toda perfeição tem limite;
mas não há limite para o teu mandamento.

Mem

97Como eu amo a tua lei!
Medito nela o dia inteiro.
98Os teus mandamentos me tornam
mais sábio que os meus inimigos,
porquanto estão sempre comigo.
99Tenho mais discernimento
que todos os meus mestres,
pois medito nos teus testemunhos.
100Tenho mais entendimento que os anciãos,
pois obedeço aos teus preceitos.
101Afasto os pés de todo caminho mau
para obedecer à tua palavra.
102Não me afasto das tuas ordenanças,
pois tu mesmo me ensinas.
103Como são doces para o meu paladar
as tuas palavras!
Mais que o mel para a minha boca!
104Ganho entendimento
por meio dos teus preceitos;
por isso odeio todo caminho de falsidade.

Nun

105A tua palavra é lâmpada
que ilumina os meus passos
e luz que clareia o meu caminho.
106Prometi sob juramento e o cumprirei:
vou obedecer às tuas justas ordenanças.
107Passei por muito sofrimento;
preserva, Senhor, a minha vida,
conforme a tua promessa.
108Aceita, Senhor, a oferta de louvor
dos meus lábios,
e ensina-me as tuas ordenanças.

[109]A minha vida está sempre em perigo[a],
mas não me esqueço da tua lei.
[110]Os ímpios prepararam uma armadilha
contra mim,
mas não me desviei dos teus preceitos.
[111]Os teus testemunhos
são a minha herança permanente;
são a alegria do meu coração.
[112]Dispus o meu coração para cumprir
os teus decretos até o fim.

Sâmeq

[113]Odeio os que são inconstantes,
mas amo a tua lei.
[114]Tu és o meu abrigo e o meu escudo;
e na tua palavra coloquei minha esperança.
[115]Afastem-se de mim os que praticam o mal!
Quero obedecer
aos mandamentos do meu Deus!
[116]Sustenta-me, segundo a tua promessa,
e eu viverei;
não permitas que se frustrem
as minhas esperanças.
[117]Ampara-me, e estarei seguro;
sempre estarei atento aos teus decretos.
[118]Tu rejeitas todos os que se desviam
dos teus decretos,
pois os seus planos enganosos são inúteis.
[119]Tu destróis[b] como refugo
todos os ímpios da terra;
por isso amo os teus testemunhos.
[120]O meu corpo estremece diante de ti;
as tuas ordenanças enchem-me de temor.

Áin

[121]Tenho vivido com justiça e retidão;
não me abandones
nas mãos dos meus opressores.

---

[a] **119:109** Hebraico: *em minhas mãos.*
[b] **119:119** Alguns manuscritos do Texto Massorético, a Septuaginta e outras versões gregas dizem *consideras.*

[122]Garante o bem-estar do teu servo;
não permitas que os arrogantes
me oprimam.
[123]Os meus olhos fraquejam,
aguardando a tua salvação
e o cumprimento da tua justiça.
[124]Trata o teu servo conforme o teu amor leal
e ensina-me os teus decretos.
[125]Sou teu servo; dá-me discernimento
para compreender os teus testemunhos.
[126]Já é tempo de agires, SENHOR,
pois a tua lei está sendo desrespeitada.
[127]Eu amo os teus mandamentos
mais do que o ouro,
mais do que o ouro puro.
[128]Por isso considero justos
os teus preceitos
e odeio todo caminho de falsidade.

Pê

[129]Os teus testemunhos são maravilhosos;
por isso lhes obedeço.
[130]A explicação das tuas palavras ilumina
e dá discernimento aos inexperientes.
[131]Abro a boca e suspiro,
ansiando por teus mandamentos.
[132]Volta-te para mim
e tem misericórdia de mim,
como sempre fazes aos que amam o teu nome.
[133]Dirige os meus passos,
conforme a tua palavra;
não permitas que nenhum pecado me domine.
[134]Resgata-me da opressão dos homens,
para que eu obedeça aos teus preceitos.
[135]Faze o teu rosto resplandecer
sobre[a] o teu servo,
e ensina-me os teus decretos.
[136]Rios de lágrimas correm dos meus olhos,
porque a tua lei não é obedecida.

---

[a] **119:135** Isto é, mostra a tua bondade para com.

Tsade

137Justo és, SENHOR,
e retas são as tuas ordenanças.
138Ordenaste os teus testemunhos com justiça;
dignos são de inteira confiança!
139O meu zelo me consome,
pois os meus adversários
se esquecem das tuas palavras.
140A tua promessa[a]
foi plenamente comprovada,
e, por isso, o teu servo a ama.
141Sou pequeno e desprezado,
mas não esqueço os teus preceitos.
142A tua justiça é eterna,
e a tua lei é a verdade.
143Tribulação e angústia me atingiram,
mas os teus mandamentos são o meu prazer.
144Os teus testemunhos são
eternamente justos,
dá-me discernimento para que eu tenha vida.

Cof

145Eu clamo de todo o coração;
responde-me, SENHOR,
e obedecerei aos teus testemunhos!
146Clamo a ti; salva-me,
e obedecerei aos teus estatutos!
147Antes do amanhecer me levanto
e suplico o teu socorro;
na tua palavra coloquei minha esperança.
148Fico acordado nas vigílias da noite,
para meditar nas tuas promessas.
149Ouve a minha voz pelo teu amor leal;
faze-me viver, SENHOR,
conforme as tuas ordenanças.
150Os meus perseguidores
aproximam-se com más intenções;[b]
mas estão distantes da tua lei.

---

[a] **119:140** Ou *palavra*
[b] **119:150** Conforme alguns manuscritos do Texto Massorético, a Septuaginta e algumas versões gregas. O Texto Massorético diz *Os que tramam o mal estão por perto.*

151 Tu, porém, Senhor, estás perto
e todos os teus mandamentos são verdadeiros.
152 Há muito aprendi dos teus testemunhos
que tu os estabeleceste para sempre.

Rêsh

153 Olha para o meu sofrimento e livra-me,
pois não me esqueço da tua lei.
154 Defende a minha causa e resgata-me;
preserva a minha vida
conforme a tua promessa.
155 A salvação está longe dos ímpios,
pois eles não buscam os teus decretos.
156 Grande é a tua compaixão, Senhor;
preserva a minha vida conforme as tuas leis.
157 Muitos são os meus adversários
e os meus perseguidores,
mas eu não me desvio dos teus estatutos.
158 Com grande desgosto vejo os infiéis,
que não obedecem à tua palavra.
159 Vê como amo os teus preceitos!
Dá-me vida, Senhor, conforme o teu amor leal.
160 A verdade é a essência da tua palavra,
e todas as tuas justas ordenanças são eternas.

Shin e Sin

161 Os poderosos perseguem-me sem motivo,
mas é diante da tua palavra
que o meu coração treme.
162 Eu me regozijo na tua promessa como alguém
que encontra grandes despojos.
163 Odeio e detesto a falsidade,
mas amo a tua lei.
164 Sete vezes por dia eu te louvo
por causa das tuas justas ordenanças.
165 Os que amam a tua lei desfrutam paz,
e nada há que os faça tropeçar.
166 Aguardo a tua salvação, Senhor,
e pratico os teus mandamentos.
167 Obedeço aos teus testemunhos;
amo-os infinitamente!

168Obedeço a todos os teus preceitos
e testemunhos,
pois conheces todos os meus caminhos.

Tau

169Chegue à tua presença o meu clamor, Senhor!
Dá-me entendimento conforme a tua palavra.
170Chegue a ti a minha súplica.
Livra-me, conforme a tua promessa.
171Meus lábios transbordarão de louvor,
pois me ensinas os teus decretos.
172A minha língua cantará a tua palavra,
pois todos os teus mandamentos são justos.
173Com tua mão vem ajudar-me,
pois escolhi os teus preceitos.
174Anseio pela tua salvação, Senhor,
e a tua lei é o meu prazer.
175Permite-me viver para que eu te louve;
e que as tuas ordenanças me sustentem.
176Andei vagando como ovelha perdida;
vem em busca do teu servo,
pois não me esqueci
dos teus mandamentos.

Salmo 120

Cântico de Peregrinação[a].

1Eu clamo pelo Senhor na minha angústia,
e ele me responde.
2Senhor, livra-me dos lábios mentirosos
e da língua traiçoeira!

3O que ele lhe dará?
Como lhe retribuirá, ó língua enganadora?

4Ele a castigará
com flechas afiadas de guerreiro,
com brasas incandescentes de sândalo.

5Ai de mim, que vivo como estrangeiro
em Meseque,

[a] **Título:** Ou *dos Degraus*; também nos Salmos 121 a 134.

que habito entre as tendas de Quedar!
6Tenho vivido tempo demais
entre os que odeiam a paz.
7Sou um homem de paz;
mas, ainda que eu fale de paz,
eles só falam de guerra.

Salmo 121

Cântico de Peregrinação.

1Levanto os meus olhos para os montes
e pergunto:
De onde me vem o socorro?
2O meu socorro vem do SENHOR,
que fez os céus e a terra.

3Ele não permitirá que você tropece;
o seu protetor se manterá alerta,
4sim, o protetor de Israel não dormirá;
ele está sempre alerta!

5O SENHOR é o seu protetor;
como sombra que o protege,
ele está à sua direita.
6De dia o sol não o ferirá,
nem a lua, de noite.

7O SENHOR o protegerá de todo o mal,
protegerá a sua vida.
8O SENHOR protegerá a sua saída
e a sua chegada,
desde agora e para sempre.

Salmo 122

Cântico de Peregrinação. Davídico.

1Alegrei-me com os que me disseram:
"Vamos à casa do SENHOR!"
2Nossos pés já se encontram
dentro de suas portas, ó Jerusalém!

3Jerusalém está construída
como cidade firmemente estabelecida.
4Para lá sobem as tribos do Senhor,
para dar graças ao Senhor,
conforme o mandamento dado a Israel.
5Lá estão os tribunais de justiça,
os tribunais da casa real de Davi.

6Orem pela paz de Jerusalém:
"Vivam em segurança aqueles que te amam!
7Haja paz dentro dos teus muros
e segurança nas tuas cidadelas!"
8Em favor de meus irmãos e amigos, direi:
Paz seja com você!
9Em favor da casa do Senhor, nosso Deus,
buscarei o seu bem.

Salmo 123

Cântico de Peregrinação.

1A ti levanto os meus olhos,
a ti, que ocupas o teu trono nos céus.
2Assim como os olhos dos servos
estão atentos à mão de seu senhor,
e como os olhos das servas
estão atentos à mão de sua senhora,
também os nossos olhos
estão atentos ao Senhor,
ao nosso Deus,
esperando que ele tenha misericórdia de nós.

3Misericórdia, Senhor!
Tem misericórdia de nós!
Já estamos cansados de tanto desprezo.
4Estamos cansados de tanta zombaria
dos orgulhosos
e do desprezo dos arrogantes.

Salmo 124

Cântico de Peregrinação. Davídico.

1Se o SENHOR não estivesse do nosso lado;
que Israel o repita:
2Se o SENHOR não estivesse do nosso lado
quando os inimigos nos atacaram,
3eles já nos teriam engolido vivos,
quando se enfureceram contra nós;
4as águas nos teriam arrastado
e as torrentes nos teriam afogado;
5sim, as águas violentas nos teriam afogado!

6Bendito seja o SENHOR,
que não nos entregou para sermos dilacerados
pelos dentes deles.
7Como um pássaro escapamos
da armadilha do caçador;
a armadilha foi quebrada,
e nós escapamos.
8O nosso socorro está no nome do SENHOR,
que fez os céus e a terra.

Salmo 125

Cântico de Peregrinação.

1Os que confiam no SENHOR
são como o monte Sião,
que não se pode abalar,
mas permanece para sempre.
2Como os montes cercam Jerusalém,
assim o SENHOR protege o seu povo,
desde agora e para sempre.

3O cetro dos ímpios não prevalecerá
sobre a terra dada aos justos;
se assim fosse,
até os justos praticariam a injustiça.

[4]SENHOR, trata com bondade
os que fazem o bem,
os que têm coração íntegro.
[5]Mas aos que se desviam
por caminhos tortuosos,
o SENHOR infligirá o castigo dado aos malfeitores.

Haja paz em Israel!

Salmo 126

Cântico de Peregrinação.

[1]Quando o SENHOR trouxe os cativos
de volta a Sião[a], foi como um sonho.
[2]Então a nossa boca encheu-se de riso,
e a nossa língua de cantos de alegria.
Até nas outras nações se dizia:
"O SENHOR fez coisas grandiosas
por este povo".
[3]Sim, coisas grandiosas fez o SENHOR por nós,
por isso estamos alegres.

[4]SENHOR, restaura-nos[b],
assim como enches
o leito dos ribeiros no deserto[c].
[5]Aqueles que semeiam com lágrimas,
com cantos de alegria colherão.
[6]Aquele que sai chorando
enquanto lança a semente,
voltará com cantos de alegria,
trazendo os seus feixes.

Salmo 127

Cântico de Peregrinação. De Salomão.

[1]Se não for o SENHOR o construtor da casa,
será inútil trabalhar na construção.

---

[a] **126:1** Ou *trouxe restauração a Sião*
[b] **126:4** Ou *traze nossos cativos de volta*
[c] **126:4** Ou *Neguebe*

Se não é o SENHOR que vigia a cidade,
será inútil a sentinela montar guarda.
2Será inútil levantar cedo e dormir tarde,
trabalhando arduamente por alimento.
O SENHOR concede o sono
àqueles a quem ele ama.[a]
3Os filhos são herança do SENHOR,
uma recompensa que ele dá.
4Como flechas nas mãos do guerreiro
são os filhos nascidos na juventude.
5Como é feliz o homem
que tem a sua aljava cheia deles!
Não será humilhado quando enfrentar
seus inimigos no tribunal.

Salmo 128

Cântico de Peregrinação.

1Como é feliz quem teme o SENHOR,
quem anda em seus caminhos!

2Você comerá do fruto do seu trabalho,
e será feliz e próspero.
3Sua mulher será como videira frutífera
em sua casa;
seus filhos serão como brotos de oliveira
ao redor da sua mesa.
4Assim será abençoado
o homem que teme o SENHOR!

5Que o SENHOR o abençoe desde Sião,
para que você veja a prosperidade de Jerusalém
todos os dias da sua vida,
6e veja os filhos dos seus filhos.

Haja paz em Israel!

---

[a] **127:2** Ou *concede sustento aos seus amados enquanto dormem*

Salmo 129

Cântico de Peregrinação.

1Muitas vezes me oprimiram
desde a minha juventude;
que Israel o repita:
2Muitas vezes me oprimiram
desde a minha juventude,
mas jamais conseguiram vencer-me.
3Passaram o arado em minhas costas
e fizeram longos sulcos.
4O SENHOR é justo!
Ele libertou-me das algemas dos ímpios.

5Retrocedam envergonhados
todos os que odeiam Sião.
6Sejam como o capim do terraço,
que seca antes de crescer,
7que não enche as mãos do ceifeiro
nem os braços daquele que faz os fardos.
8E que ninguém que passa diga:
"Seja sobre vocês a bênção do SENHOR;
nós os abençoamos em nome do SENHOR!"

Salmo 130

Cântico de Peregrinação.

1Das profundezas clamo a ti, SENHOR;
2ouve, Senhor, a minha voz!
Estejam atentos os teus ouvidos
às minhas súplicas!

3Se tu, Soberano SENHOR,
registrasses os pecados, quem escaparia?
4Mas contigo está o perdão
para que sejas temido.

5Espero no SENHOR com todo o meu ser,
e na sua palavra ponho a minha esperança.
6Espero pelo Senhor
mais do que as sentinelas pela manhã;

sim, mais do que as sentinelas
   esperam pela manhã!

7Ponha a sua esperança no SENHOR, ó Israel,
pois no SENHOR há amor leal
   e plena redenção.
8Ele próprio redimirá Israel
   de todas as suas culpas.

Salmo 131

Cântico de Peregrinação. Davídico.

1SENHOR, o meu coração não é orgulhoso
e os meus olhos não são arrogantes.
Não me envolvo com coisas grandiosas
nem maravilhosas demais para mim.
2De fato, acalmei e tranquilizei a minha alma.
Sou como uma criança
   recém-amamentada[a] por sua mãe;
a minha alma é como essa criança.

3Ponha a sua esperança no SENHOR, ó Israel,
   desde agora e para sempre!

Salmo 132

Cântico de Peregrinação.

1SENHOR, lembra-te de Davi
e das dificuldades que enfrentou.
2Ele jurou ao SENHOR
e fez um voto ao Poderoso de Jacó:
3"Não entrarei na minha tenda
e não me deitarei no meu leito;
4não permitirei
   que os meus olhos peguem no sono
nem que as minhas pálpebras descansem,
5enquanto não encontrar
   um lugar para o SENHOR,
uma habitação para o Poderoso de Jacó".

---

[a] **131:2** Ou *desmamada*

6Soubemos que a arca estava em Efrata[a],
mas nós a encontramos nos campos de Jaar[b]:
7"Vamos para a habitação do SENHOR!
Vamos adorá-lo diante do estrado de seus pés!
8Levanta-te, SENHOR,
e vem para o teu lugar de descanso,
tu e a arca onde está o teu poder.
9Vistam-se de retidão os teus sacerdotes;
cantem de alegria os teus fiéis".
10Por amor ao teu servo Davi,
não rejeites o teu ungido.

11O SENHOR fez um juramento a Davi,
um juramento firme que ele não revogará:
"Colocarei um dos seus descendentes
no seu trono.
12Se os seus filhos forem fiéis à minha aliança
e aos testemunhos que eu lhes ensino,
também os filhos deles
o sucederão no trono para sempre".

13O SENHOR escolheu Sião,
com o desejo de fazê-la sua habitação:
14"Este será o meu lugar de descanso
para sempre;
aqui firmarei o meu trono,
pois esse é o meu desejo.
15Abençoarei este lugar com fartura;
os seus pobres suprirei de pão.
16Vestirei de salvação os seus sacerdotes
e os seus fiéis a celebrarão com grande alegria.

17"Ali farei renascer o poder[c] de Davi
e farei brilhar a luz[d] do meu ungido.
18Vestirei de vergonha os seus inimigos,
mas nele brilhará a sua coroa".

---

[a] **132:6** Ou *a respeito da arca em Efrata*
[b] **132:6** Isto é, Quiriate-Jearim.
[c] **132:17** Hebraico: *chifre.*
[d] **132:17** Isto é, perpetuarei a dinastia.

Salmo 133

Cântico de Peregrinação. Davídico.

1Como é bom e agradável
quando os irmãos convivem em união!
2É como óleo precioso
derramado sobre a cabeça,
que desce pela barba, a barba de Arão,
até a gola das suas vestes.
3É como o orvalho do Hermom
quando desce sobre os montes de Sião.
Ali o SENHOR concede a bênção
da vida para sempre.

Salmo 134

Cântico de Peregrinação.

1Venham! Bendigam o SENHOR
todos vocês, servos do SENHOR,
vocês, que servem de noite
na casa do SENHOR.
2Levantem as mãos na direção do santuário
e bendigam o SENHOR!

3De Sião os abençoe o SENHOR,
que fez os céus e a terra!

Salmo 135

1Aleluia!

Louvem o nome do SENHOR;
louvem-no, servos do SENHOR,
2vocês, que servem na casa do SENHOR,
nos pátios da casa de nosso Deus.

3Louvem o SENHOR, pois o SENHOR é bom;
cantem louvores ao seu nome,
pois é nome amável.
4Porque o SENHOR escolheu a Jacó,
a Israel como seu tesouro pessoal.

5Na verdade, sei que o Senhor é grande,
que o nosso Soberano é maior
do que todos os deuses.
6O Senhor faz tudo o que lhe agrada,
nos céus e na terra,
nos mares e em todas as suas profundezas.
7Ele traz as nuvens desde os confins da terra;
envia os relâmpagos que acompanham a chuva
e faz que o vento saia dos seus depósitos.

8Foi ele que matou os primogênitos do Egito,
tanto dos homens como dos animais.
9Ele realizou em pleno Egito
sinais e maravilhas,
contra o faraó e todos os seus conselheiros.
10Foi ele que feriu muitas nações
e matou reis poderosos:
11Seom, rei dos amorreus,
Ogue, rei de Basã,
e todos os reinos de Canaã;
12e deu a terra deles como herança,
como herança a Israel, o seu povo.

13O teu nome, Senhor,
permanece para sempre,
a tua fama, Senhor, por todas as gerações!
14O Senhor defenderá o seu povo
e terá compaixão dos seus servos.

15Os ídolos das nações
não passam de prata e ouro,
feitos por mãos humanas.
16Têm boca, mas não podem falar,
olhos, mas não podem ver;
17têm ouvidos, mas não podem escutar,
nem há respiração em sua boca.
18Tornem-se[a] como eles aqueles que os fazem
e todos os que neles confiam.

19Bendigam o Senhor, ó israelitas!
Bendigam o Senhor, ó sacerdotes!

---

[a] **135:18** Ou *São*

20Bendigam o SENHOR, ó levitas!
Bendigam o SENHOR
os que temem o SENHOR!
21Bendito seja o SENHOR desde Sião,
aquele que habita em Jerusalém.

Aleluia!

Salmo 136

1Deem graças ao SENHOR, porque ele é bom.
O seu amor dura para sempre!
2Deem graças ao Deus dos deuses.
O seu amor dura para sempre!
3Deem graças ao Senhor dos senhores.
O seu amor dura para sempre!

4Ao único que faz grandes maravilhas,
O seu amor dura para sempre!
5Que com habilidade fez os céus,
O seu amor dura para sempre!
6Que estendeu a terra sobre as águas;
O seu amor dura para sempre!
7Àquele que fez os grandes luminares:
O seu amor dura para sempre!
8O sol para governar o dia,
O seu amor dura para sempre!
9A lua e as estrelas para governarem a noite.
O seu amor dura para sempre!

10Àquele que matou
os primogênitos do Egito
O seu amor dura para sempre!
11E tirou Israel do meio deles
O seu amor dura para sempre!
12Com mão poderosa e braço forte.
O seu amor dura para sempre!

13Àquele que dividiu o mar Vermelho
O seu amor dura para sempre!
14E fez Israel atravessá-lo,
O seu amor dura para sempre!

15 Mas lançou o faraó e o seu exército
no mar Vermelho.
O seu amor dura para sempre!

16 Àquele que conduziu seu povo pelo deserto,
O seu amor dura para sempre!
17 Feriu grandes reis
O seu amor dura para sempre!
18 E matou reis poderosos:
O seu amor dura para sempre!
19 Seom, rei dos amorreus,
O seu amor dura para sempre!
20 E Ogue, rei de Basã,
O seu amor dura para sempre!
21 E deu a terra deles como herança,
O seu amor dura para sempre!
22 Como herança ao seu servo Israel.
O seu amor dura para sempre!

23 Àquele que se lembrou de nós
quando fomos humilhados
O seu amor dura para sempre!
24 E nos livrou dos nossos adversários;
O seu amor dura para sempre!
25 Àquele que dá alimento
a todos os seres vivos.
O seu amor dura para sempre!

26 Deem graças ao Deus dos céus.
O seu amor dura para sempre!

Salmo 137

1 Junto aos rios da Babilônia
nós nos sentamos e choramos
com saudade de Sião.
2 Ali, nos salgueiros
penduramos as nossas harpas;
3 ali os nossos captores pediam-nos canções,
os nossos opressores exigiam
canções alegres, dizendo:
"Cantem para nós uma das canções de Sião!"

4Como poderíamos cantar
as canções do SENHOR
numa terra estrangeira?
5Que a minha mão direita definhe,
ó Jerusalém, se eu me esquecer de ti!
6Que a língua se me grude ao céu da boca,
se eu não me lembrar de ti,
e não considerar Jerusalém
a minha maior alegria!

7Lembra-te, SENHOR, dos edomitas
e do que fizeram
quando Jerusalém foi destruída,
pois gritavam: "Arrasem-na!
Arrasem-na até aos alicerces!"

8Ó cidade[a] de Babilônia,
destinada à destruição,
feliz aquele que lhe retribuir
o mal que você nos fez!
9Feliz aquele que pegar os seus filhos
e os despedaçar contra a rocha!

Salmo 138

Davídico.

1Eu te louvarei, SENHOR, de todo o coração;
diante dos deuses cantarei louvores a ti.
2Voltado para o teu santo templo
eu me prostrarei
e renderei graças ao teu nome,
por causa do teu amor e da tua fidelidade;
pois exaltaste acima de todas as coisas
o teu nome e a tua palavra.
3Quando clamei, tu me respondeste;
deste-me força e coragem.

4Todos os reis da terra te renderão graças, SENHOR,
pois saberão das tuas promessas.

---

[a] **137:8** Hebraico: *filha*.

5Celebrarão os feitos do SENHOR,
pois grande é a glória do SENHOR!

6Embora esteja nas alturas,
o SENHOR olha para os humildes,
e de longe reconhece os arrogantes.
7Ainda que eu passe por angústias,
tu me preservas a vida
da ira dos meus inimigos;
estendes a tua mão direita e me livras.
8O SENHOR cumprirá o seu propósito
para comigo!
Teu amor, SENHOR, permanece para sempre;
não abandones as obras das tuas mãos!

Salmo 139

Para o mestre de música. Davídico. Um salmo.

1SENHOR, tu me sondas e me conheces.
2Sabes quando me sento e quando me levanto;
de longe percebes os meus pensamentos.
3Sabes muito bem quando trabalho
e quando descanso;
todos os meus caminhos
são bem conhecidos por ti.
4Antes mesmo que a palavra
me chegue à língua,
tu já a conheces inteiramente, SENHOR.

5Tu me cercas, por trás e pela frente,
e pões a tua mão sobre mim.
6Tal conhecimento é maravilhoso demais
e está além do meu alcance;
é tão elevado que não o posso atingir.

7Para onde poderia eu escapar do teu Espírito?
Para onde poderia fugir da tua presença?
8Se eu subir aos céus, lá estás;
se eu fizer a minha cama na sepultura[a],
também lá estás.

[a] **139:8** Hebraico: *Sheol.* Essa palavra também pode ser traduzida por profundezas, pó ou morte.

[9]Se eu subir com as asas da alvorada
e morar na extremidade do mar,
[10]mesmo ali a tua mão direita me guiará
e me susterá.
[11]Mesmo que eu diga que as trevas
me encobrirão,
e que a luz se tornará noite ao meu redor,
[12]verei que nem as trevas são escuras para ti.
A noite brilhará como o dia,
pois para ti as trevas são luz.

[13]Tu criaste o íntimo do meu ser
e me teceste no ventre de minha mãe.
[14]Eu te louvo porque me fizeste
de modo especial e admirável[a].
Tuas obras são maravilhosas!
Digo isso com convicção.
[15]Meus ossos não estavam escondidos de ti
quando em secreto fui formado
e entretecido como nas profundezas da terra.
[16]Os teus olhos viram o meu embrião;
todos os dias determinados para mim
foram escritos no teu livro
antes de qualquer deles existir.

[17]Como são preciosos para mim
os teus pensamentos, ó Deus!
Como é grande a soma deles!
[18]Se eu os contasse, seriam mais
do que os grãos de areia.
Se terminasse de contá-los[b],
eu ainda estaria contigo.
[19]Quem dera matasses os ímpios, ó Deus!
Afastem-se de mim os assassinos!
[20]Porque falam de ti com maldade;
em vão rebelam-se contra ti.
[21]Acaso não odeio os que te odeiam, SENHOR?
E não detesto os que se revoltam contra ti?

---

[a] **139:14** A Septuaginta, a Versão Siríaca e os manuscritos do mar Morto dizem *porque tu és tremendo e maravilhoso.*
[b] **139:18** Ou *Quando acordasse*

22Tenho por eles ódio implacável!
Considero-os inimigos meus!

23Sonda-me, ó Deus,
e conhece o meu coração;
prova-me, e conhece as minhas inquietações.
24Vê se em minha conduta algo te ofende,
e dirige-me pelo caminho eterno.

Salmo 140

Para o mestre de música. Salmo davídico.

1Livra-me, Senhor, dos maus;
protege-me dos violentos,
2que no coração tramam planos perversos
e estão sempre provocando guerra.
3Afiam a língua como a da serpente;
veneno de víbora está em seus lábios.

Pausa

4Protege-me, Senhor, das mãos dos ímpios;
protege-me dos violentos,
que pretendem fazer-me tropeçar.
5Homens arrogantes prepararam
armadilhas contra mim,
perversos estenderam as suas redes;
no meu caminho armaram ciladas contra mim.

Pausa

6Eu declaro ao Senhor: Tu és o meu Deus.
Ouve, Senhor, a minha súplica!
7Ó Soberano Senhor, meu salvador poderoso,
tu me proteges a cabeça no dia da batalha;
8não atendas os desejos dos ímpios, Senhor!
Não permitas que os planos deles
tenham sucesso,
para que não se orgulhem.

Pausa

9Recaia sobre a cabeça dos que me cercam
a maldade que os seus lábios proferiram.

[10]Caiam brasas sobre eles,
e sejam lançados ao fogo,
em covas das quais jamais possam sair.
[11]Que os difamadores
não se estabeleçam na terra,
e a desgraça persiga os violentos até a morte.

[12]Sei que o SENHOR defenderá
a causa do necessitado
e fará justiça aos pobres.
[13]Com certeza os justos darão graças
ao teu nome,
e os homens íntegros viverão na tua presença.

Salmo 141

Salmo davídico.

[1]Clamo a ti, SENHOR; vem depressa!
Escuta a minha voz quando clamo a ti.
[2]Seja a minha oração
como incenso diante de ti,
e o levantar das minhas mãos,
como a oferta da tarde.

[3]Coloca, SENHOR,
uma guarda à minha boca;
vigia a porta de meus lábios.
[4]Não permitas que o meu coração
se volte para o mal,
nem que eu me envolva em práticas perversas
com os malfeitores.
Que eu nunca participe dos seus banquetes!

[5]Fira-me o justo com amor leal
e me repreenda,
mas não perfume a minha cabeça
o óleo do ímpio,[a]
pois a minha oração
é contra as práticas dos malfeitores.

---

[a] **141:5** Ou *Fira-me o justo e me repreenda o piedoso; será como óleo fino que minha cabeça não recusará,*

[6]Quando eles caírem nas mãos da Rocha,
o juiz deles,
ouvirão as minhas palavras com apreço.[a]
[7]Como a terra é arada e fendida,
assim foram espalhados os seus ossos
à entrada da sepultura[b].

[8]Mas os meus olhos estão fixos em ti,
ó Soberano SENHOR;
em ti me refugio;
não me entregues à morte.
[9]Guarda-me das armadilhas
que prepararam contra mim,
das ciladas dos que praticam o mal.
[10]Caiam os ímpios em sua própria rede,
enquanto eu escapo ileso.

Salmo 142

Poema de Davi, quando ele estava na caverna. Uma oração.

[1]Em alta voz clamo ao SENHOR;
elevo a minha voz ao SENHOR,
suplicando misericórdia.
[2]Derramo diante dele o meu lamento;
a ele apresento a minha angústia.

[3]Quando o meu espírito desanima,
és tu quem conhece o caminho
que devo seguir.
Na vereda por onde ando
esconderam uma armadilha contra mim.
[4]Olha para a minha direita e vê;
ninguém se preocupa comigo.
Não tenho abrigo seguro;
ninguém se importa com a minha vida.

[5]Clamo a ti, SENHOR, e digo:
Tu és o meu refúgio;
és tudo o que tenho na terra dos viventes.

---

[a] **141:6** Ou *Quando os seus governantes forem lançados dos penhascos, todos saberão que minhas palavras eram verdadeiras.*
[b] **141:7** Hebraico: *Sheol.* Essa palavra também pode ser traduzida por profundezas, pó ou morte.

6Dá atenção ao meu clamor,
pois estou muito abatido;
livra-me dos que me perseguem,
pois são mais fortes do que eu.
7Liberta-me da prisão,
e renderei graças ao teu nome.
Então os justos se reunirão à minha volta
por causa da tua bondade para comigo.

Salmo 143

Salmo davídico.

1Ouve, SENHOR, a minha oração,
dá ouvidos à minha súplica;
responde-me
por tua fidelidade e por tua justiça.
2Mas não leves o teu servo a julgamento,
pois ninguém é justo diante de ti.

3O inimigo persegue-me
e esmaga-me ao chão;
ele me faz morar nas trevas,
como os que há muito morreram.
4O meu espírito desanima;
o meu coração está em pânico.
5Eu me recordo dos tempos antigos;
medito em todas as tuas obras
e considero o que as tuas mãos têm feito.
6Estendo as minhas mãos para ti;
como a terra árida, tenho sede de ti.

Pausa

7Apressa-te em responder-me, SENHOR!
O meu espírito se abate.
Não escondas de mim o teu rosto,
ou serei como os que descem à cova.
8Faze-me ouvir do teu amor leal pela manhã,
pois em ti confio.
Mostra-me o caminho que devo seguir,
pois a ti elevo a minha alma.

[9]Livra-me dos meus inimigos, Senhor,
pois em ti eu me abrigo.
[10]Ensina-me a fazer a tua vontade,
pois tu és o meu Deus;
que o teu bondoso Espírito
me conduza por terreno plano.

[11]Preserva-me a vida, Senhor,
por causa do teu nome;
por tua justiça, tira-me desta angústia.
[12]E no teu amor leal,
aniquila os meus inimigos;
destrói todos os meus adversários,
pois sou teu servo.

Salmo 144

Davídico.

[1]Bendito seja o Senhor, a minha Rocha,
que treina as minhas mãos para a guerra
e os meus dedos para a batalha.
[2]Ele é o meu aliado fiel, a minha fortaleza,
a minha torre de proteção
e o meu libertador,
é o meu escudo, aquele em quem me refugio.
Ele subjuga a mim os povos[a].

[3]Senhor, que é o homem
para que te importes com ele,
ou o filho do homem
para que por ele te interesses?
[4]O homem é como um sopro;
seus dias são como uma sombra passageira.

[5]Estende, Senhor, os teus céus e desce;
toca os montes para que fumeguem.
[6]Envia relâmpagos e dispersa os inimigos;
atira as tuas flechas e faze-os debandar.

[a] **144:2** Conforme muitos manuscritos do Texto Massorético, os manuscritos do mar Morto, a Versão Siríaca e algumas outras versões antigas. A maioria dos manuscritos do Texto Massorético diz *o meu povo.*

7 Das alturas, estende a tua mão e liberta-me;
salva-me da imensidão das águas,
das mãos desses estrangeiros,
8 que têm lábios mentirosos
e que, com a mão direita erguida,
juram falsamente.

9 Cantarei uma nova canção a ti, ó Deus;
tocarei para ti a lira de dez cordas,
10 para aquele que dá vitória aos reis,
que livra o seu servo Davi
da espada mortal.

11 Dá-me libertação;
salva-me das mãos dos estrangeiros,
que têm lábios mentirosos
e que, com a mão direita erguida,
juram falsamente.

12 Então, na juventude,
os nossos filhos serão como plantas viçosas,
e as nossas filhas, como colunas
esculpidas para ornar um palácio.
13 Os nossos celeiros estarão cheios
das mais variadas provisões.
Os nossos rebanhos se multiplicarão
aos milhares,
às dezenas de milhares em nossos campos;
14 o nosso gado dará suas crias;
não haverá praga alguma nem aborto.[a]
Não haverá gritos de aflição em nossas ruas.

15 Como é feliz o povo assim abençoado!
Como é feliz o povo cujo Deus é o Senhor!

Salmo 145[b]

Um cântico de louvor. Davídico.

1 Eu te exaltarei, meu Deus e meu rei;
bendirei o teu nome para todo o sempre!

---

[a] **144:14** Ou *os nossos distritos não terão sobrecarga; não haverá invasão nem exílio.*
[b] O salmo 145 é um poema organizado em ordem alfabética, no hebraico.

[2]Todos os dias te bendirei
e louvarei o teu nome para todo o sempre!
[3]Grande é o SENHOR e digno de ser louvado;
sua grandeza não tem limites.

[4]Uma geração contará à outra
a grandiosidade dos teus feitos;
eles anunciarão os teus atos poderosos.
[5]Proclamarão o glorioso esplendor
da tua majestade,
e meditarei nas maravilhas que fazes.[a]
[6]Anunciarão o poder dos teus feitos temíveis,
e eu falarei das tuas grandes obras.
[7]Comemorarão a tua imensa bondade
e celebrarão a tua justiça.

[8]O SENHOR é misericordioso e compassivo,
paciente e transbordante de amor.
[9]O SENHOR é bom para todos;
a sua compaixão alcança
todas as suas criaturas.
[10]Rendam-te graças todas as tuas criaturas, SENHOR,
e os teus fiéis te bendigam.
[11]Eles anunciarão a glória do teu reino
e falarão do teu poder,
[12]para que todos saibam
dos teus feitos poderosos
e do glorioso esplendor do teu reino.
[13]O teu reino é reino eterno,
e o teu domínio permanece
de geração em geração.

O SENHOR é fiel em todas as suas promessas
e é bondoso em tudo o que faz.[b]
[14]O SENHOR ampara todos os que caem
e levanta todos os que estão prostrados.
[15]Os olhos de todos estão voltados para ti,
e tu lhes dás o alimento no devido tempo.

[a] **145:5** Conforme os manuscritos do mar Morto e a Versão Siríaca. O Texto Massorético diz *Meditarei no glorioso esplendor da tua majestade e nas tuas obras maravilhosas.*

[b] **145:13** Conforme um manuscrito do Texto Massorético, os manuscritos do mar Morto e a Versão Siríaca. A maioria dos manuscritos do Texto Massorético não traz as duas últimas linhas desse versículo.

16Abres a tua mão e satisfazes os desejos
de todos os seres vivos.

17O Senhor é justo
em todos os seus caminhos
e é bondoso em tudo o que faz.
18O Senhor está perto
de todos os que o invocam,
de todos os que o invocam com sinceridade.
19Ele realiza os desejos daqueles que o temem;
ouve-os gritar por socorro e os salva.
20O Senhor cuida de todos os que o amam,
mas a todos os ímpios destruirá.

21Com meus lábios louvarei o Senhor.
Que todo ser vivo bendiga o seu santo nome
para todo o sempre!

Salmo 146

1Aleluia!

Louve, ó minha alma, o Senhor.
2Louvarei o Senhor por toda a minha vida;
cantarei louvores ao meu Deus
enquanto eu viver.

3Não confiem em príncipes,
em meros mortais, incapazes de salvar.
4Quando o espírito deles se vai, eles voltam ao pó;
naquele mesmo dia acabam-se os seus planos.

5Como é feliz aquele cujo auxílio
é o Deus de Jacó,
cuja esperança está no Senhor, no seu Deus,
6que fez os céus e a terra,
o mar e tudo o que neles há,
e que mantém a sua fidelidade para sempre!
7Ele defende a causa dos oprimidos
e dá alimento aos famintos.
O Senhor liberta os presos,

8o Senhor dá vista aos cegos,
o Senhor levanta os abatidos,
o Senhor ama os justos.
9O Senhor protege o estrangeiro
e sustém o órfão e a viúva,
mas frustra o propósito dos ímpios.

10O Senhor reina para sempre!
O teu Deus, ó Sião,
reina de geração em geração.

Aleluia!

Salmo 147

1Aleluia!

Como é bom cantar louvores ao nosso Deus!
Como é agradável e próprio louvá-lo!

2O Senhor edifica Jerusalém;
ele reúne os exilados de Israel.
3Só ele cura os de coração quebrantado
e cuida das suas feridas.

4Ele determina o número de estrelas
e chama cada uma pelo nome.
5Grande é o nosso Soberano
e tremendo é o seu poder;
é impossível medir o seu entendimento.
6O Senhor sustém o oprimido,
mas lança por terra o ímpio.

7Cantem ao Senhor com ações de graças;
ao som da harpa façam música
para o nosso Deus.
8Ele cobre o céu de nuvens,
concede chuvas à terra
e faz crescer a relva nas colinas.
9Ele dá alimento aos animais,
e aos filhotes dos corvos
quando gritam de fome.

10Não é a força do cavalo
que lhe dá satisfação,
nem é a agilidade do homem que lhe agrada;
11o Senhor se agrada dos que o temem,
dos que colocam sua esperança no seu amor leal.

12Exalte o Senhor, ó Jerusalém!
Louve o seu Deus, ó Sião,
13pois ele reforçou as trancas de suas portas
e abençoou o seu povo, que lá habita.
14É ele que mantém as suas fronteiras
em segurança
e que a supre do melhor do trigo.
15Ele envia sua ordem à terra,
e sua palavra corre veloz.
16Faz cair a neve como lã,
e espalha a geada como cinza.
17Faz cair o gelo como se fosse pedra.
Quem pode suportar o seu frio?
18Ele envia a sua palavra, e o gelo derrete;
envia o seu sopro, e as águas tornam a correr.

19Ele revela a sua palavra a Jacó,
os seus decretos e ordenanças a Israel.
20Ele não fez isso a nenhuma outra nação;
todas as outras desconhecem
as suas ordenanças.

Aleluia!

Salmo 148

1Aleluia!

Louvem o Senhor desde os céus,
louvem-no nas alturas!
2Louvem-no todos os seus anjos,
louvem-no todos os seus exércitos celestiais.
3Louvem-no sol e lua,
louvem-no todas as estrelas cintilantes.
4Louvem-no os mais altos céus
e as águas acima do firmamento.

[5]Louvem todos eles o nome do SENHOR,
pois ordenou, e eles foram criados.
[6]Ele os estabeleceu em seus lugares
para todo o sempre;
deu-lhes um decreto que jamais mudará.

[7]Louvem o SENHOR, vocês que estão na terra,
serpentes marinhas e todas as profundezas,
[8]relâmpagos e granizo, neve e neblina,
vendavais que cumprem o que ele determina,
[9]todas as montanhas e colinas,
árvores frutíferas e todos os cedros,
[10]todos os animais selvagens
e os rebanhos domésticos,
todos os demais seres vivos e as aves,
[11]reis da terra e todas as nações,
todos os governantes e juízes da terra,
[12]moços e moças, velhos e crianças.

[13]Louvem todos o nome do SENHOR,
pois somente o seu nome é exaltado;
a sua majestade está acima
da terra e dos céus.
[14]Ele concedeu poder[a] ao seu povo,
e recebeu louvor de todos os seus fiéis,
dos israelitas, povo a quem ele tanto ama.
Aleluia!

Salmo 149

[1]Aleluia!

Cantem ao SENHOR uma nova canção,
louvem-no na assembleia dos fiéis.
[2]Alegre-se Israel no seu Criador,
exulte o povo de Sião no seu Rei!
[3]Louvem eles o seu nome com danças;
ofereçam-lhe música
com tamborim e harpa.

---

[a] **148:14** Hebraico: *levantou um chifre.*

4O SENHOR agrada-se do seu povo;
ele coroa de vitória os oprimidos.
5Regozijem-se os seus fiéis nessa glória
e em seus leitos cantem alegremente!

6Altos louvores estejam em seus lábios
e uma espada de dois gumes em suas mãos,
7para imporem vingança às nações
e trazerem castigo aos povos,
8para prenderem os seus reis com grilhões
e seus nobres com algemas de ferro,
9para executarem a sentença escrita
contra eles.
Esta é a glória de todos os seus fiéis.

Aleluia!

Salmo 150

1Aleluia!

Louvem a Deus no seu santuário,
louvem-no em seu magnífico firmamento.
2Louvem-no pelos seus feitos poderosos,
louvem-no segundo a imensidão
de sua grandeza!
3Louvem-no ao som de trombeta,
louvem-no com a lira e a harpa,
4louvem-no com tamborins e danças,
louvem-no com instrumentos de cordas
e com flautas,
5louvem-no com címbalos sonoros,
louvem-no com címbalos ressonantes.

6Tudo o que tem vida louve o SENHOR!
Aleluia!